DIE
TOXISCHEN

von
Franz Hirmer

Impressum

©2025 Franz Hirmer
Verlag: BoD · Books of Demand GmbH,
Überseering 33, 22297 Hamburg, bod@bod.de
Druck: Libri Plureos GmbH,
Friedensallee 273, 22763 Hamburg

Lektorat: Elfi W. die „Viertel vor Zwölfte"

ISBN: 978-3-8423-6788-3

DIE
TOXISCHEN

Ein Buch von Franz Hirmer

Lieber Leser

Wer die Wahrheit nicht sehen will, wer sie nicht verträgt, wer sich vor ihr fürchtet oder wer sich vor ihr verstecken will, der sollte hier nicht weiterlesen.

Wer Angst hat, schlimme Wörter zu lesen, schlimme Dinge beim Namen zu nennen oder wer das, was unmenschlich und grausam ist, verharmlost oder es durch eine rosa Brille sehen möchte … auch der sollte hier nicht weiterlesen.

Allerdings sollte er auch bedenken, was er damit bewirkt. Denn wegschauen und die Dinge, die überall um uns herum passieren, klein zu spielen und sie zu ignorieren, das hilft niemandem … am wenigsten den Opfern.

Darum: Helft den Opfern.

Schaut den Narzissten ins Gesicht und sagt laut und deutlich, was ihr über sie wisst.

Klagt die Schweine an!

Dieses Buch soll helfen

Es soll denen, die nicht wissen, was eine Bitch, ein Narzisst, ein Psychopath, ein Soziopath oder eine toxische Person ist, dabei helfen, solche Wesen zu erkennen. Und es soll denen, die mit einer toxischen oder bösartigen Person zusammenleben, die Augen öffnen. Hier könnt ihr abgrundtief böse Geschichten lesen, die irgendwo zwischen Himmel und Hölle passiert sind und in denen Menschen von grausamen, toxischen und asozialen Unmenschen gepeinigt, erniedrigt, bestohlen und bis zum Selbstmord getrieben wurden.

Dass sich viele von diesen toxischen Wesen in den Geschichten wiedererkennen, weil die bösartigen und kriminellen Muster, in denen sie leben, immer dieselben sind, kann durchaus passieren, ist aber nicht beabsichtigt!

All die Geschichten und Gedichte in diesem Buch sind frei erfunden. Sie stellen sich zusammen aus Teilen von Erzählungen der Opfer und der Lektüre verschiedenster Art, wie zum Beispiel dem Internet oder der Tageszeitung. Die hier erzählten Geschichten sind also teilweise aus nicht überprüften und freien Erzählungen zusammengefügt worden und entbehren natürlich jeglichen Beweises. Teilweise wurden sie mir von Menschen erzählt, die ich nur ein einziges Mal gesehen habe. Und noch etwas: Dieses Buch ist kein wissenschaftliches Buch. Es wurde weder von Ärzten, Psychologen noch von irgendwelchen Wissenschaftlern geschrieben. Es hat keinerlei akademischen Hintergrund und auch der Autor hat keine akademische Ausbildung genossen. Es ist einfach nur eine Zusammenfassung von Geschichten über Menschen, die das, was sie erlebt (und vor allem „über - lebt") haben, erzählen. Mehr nicht.

Ich wünsche euch viel Spaß beim Lesen!

Inhalt:

Gewidmet auch all denen, die sich
wegen einer toxischen Person
das Leben nahmen!

Für Barbara

Für ihren Mut, für ihre Aufopferung und für ihre
Menschlichkeit! Für ihre Oldtimer und für das ganze
schöne Geld, das man ihr genommen hat!
Für ihre Kraft und für den Willen, das alles zu überleben!
Und auch dafür, dass sie bei all dem, was sie erlebt hat,
immer noch ein Mensch geblieben ist!
Ein Mensch, der sich fast getötet hätte und der heute von
sich behaupten kann, dass er drei Narzissten und drei
Soziopathen überlebt hat! Was an sich schon ein Wunder
ist!

Barbara!
Wir ziehen unseren Hut vor dir
und deiner Kraft!

! ACHTUNG !
Bitte aufgepasst!
DIES IST KEIN BUCH FÜR KINDER!

Kapitel eins - Was ist ein Narzisst, und was ist eigentlich ein „Soziopath"?

(Narzissten, Soziopathen und wie sie mit dir umgehen)

Nun … versuchen wir, einen Narzissten mit zwei Sätzen zu beschreiben: Ein Narzisst ist ein Wesen, das aussieht wie ein Mensch und tausendmal egoistischer ist, als ein Egoist!

Diesen Egoismus zeigt er dir aber nicht und wickelt dich mit seinem Charme und seiner vorgespielten Liebe so lange ein, bis er dich benutzen, ausbeuten und mit dir machen kann, was er will!

So oder so ähnlich würde ich einen Narzissten beschreiben! Aber es geht noch schlimmer: Weißt du eigentlich, was ein Soziopath ist? Nein? … Nun gut! Dann will ich es dir sagen:

Ein Soziopath ist ein Narzisst, der keinerlei Skrupel hat, andere Menschen zu bestehlen, sie eiskalt zu vergewaltigen, sie brutalst zu quälen oder sie zu ermorden! Und das alles nur, um seine eigenen Interessen durchzusetzen! Ist beim Narzissten immer noch so etwas wie Reue, Liebe oder Scham zu spüren, so hat der Soziopath nichts von alledem! „Er" ist eine eiskalte und geldgierige Killermaschine in Menschengestalt! Charmant und offen spielt er dir einen „guten Menschen" vor und denkt im selben Augenblick darüber nach, wie es wohl wäre, wenn er dich auf einen Tisch nagelt und dich zwölfmal am Tag vergewaltigen könnte? Ein Narzisst schaut in den Spiegel und sagt: „Ich bin schön! Ich bin einzigartig! Und du bist nichts! Du bist nur mein Sklave!" Der Soziopath schaut in den Spiegel und sagt:

„ICH!!! ICH!!! ICH!!!"

Ich bin der Übermensch! Der absolute Übermensch! Ich bin der „Herr"! Ich bin der „Kommander"! Und du? Du bist nur Dreck für mich! Du bist nur dazu da, damit ich dich belügen, ausbeuten, ficken und dir dein Geld stehlen kann! … Weil ich es kann!"… Ja! … Das ist der Unterschied: … Ein Narzisst ist ein Geisteskranker! Aber der Soziopath ist ein gieriger und eiskalter Krimineller, der niemals genug bekommt! … Es genügt ihm nicht, dich nur ein bisschen auszubeuten und dich für seine perversen Sexspiele zu benutzen! … Nein! … Der Soziopath plant von Anfang an deinen Ruin und deinen Untergang! Und zwar Minute um Minute! Pass also auf dich auf und prüfe genau, mit wem du dich einlässt!

Hier eine kleine Zusammenfassung über die Vorgehensweise eines Narzissten oder Soziopathen:

Kapitel zwei - Wie man dich mit Lügen hörig macht:

Am Anfang manipuliert dich der Narzisst oder der Soziopath in einen wundervollen Traum hinein! In „deinen" Traum! Du lernst ihn kennen. Du lernst ihn schätzen. Und du bist gerne mit ihm zusammen. Und dann … dann „verliebt" er dich in sich! … Ja, ja! … Du hast schon richtig gelesen: „Er" verliebt „dich" in „sich"! …

„Er" sagt dir ab jetzt, was du zu tun hast! Wie du „ihn" zu lieben und zu behandeln hast und was du alles für „ihn" machen musst! Und glaube mir: Du wirst alles für ihn tun! … Denn alles, was er von dir will, sagt er dir so, dass du überhaupt nicht mitbekommst, dass es seine „Befehle" sind, die er da zu dir sagt. Nein! … Er suggeriert es dir unbewusst in deinen Kopf hinein und manipuliert dich vom ersten Tage an! … Und „du"? Du wirst ihm alles glauben und ab jetzt seine Marionette, sein Diener, sein Arbeiter und sein Knecht sein! … Ja! … „Er" erzieht dich zu einem Sklaven! Du kannst stockdumm sein, naiv, hoch Intelligent! … Ein Professor der Mathematik oder der Psychologie! All das spielt keine Rolle! Denn wenn „dein" Narzisst oder „dein" Soziopath seinem Job einigermaßen gut versteht, dann hast du ab jetzt keine Chance mehr!

„Er" ist jetzt dein „Kommander"! Dein absoluter Befehlsgeber und dein Kapitän! Er ist jetzt der, der dich steuert und seine Befehle so verstohlen platziert, dass du gar nicht mehr merkst, wie sehr „er" über dich bestimmt! … Er macht es so geschickt, dass du „dienen" mit „Liebe" verwechselst und alles für ihn tust! Du hast keine Chance mehr!

„Er" spiegelt dir jetzt einen Partner vor, wie du ihn noch nie erlebt hast! Er ist liebevoll zu dir, zärtlich, verständnisvoll, zuvorkommend, witzig, charmant, höflich, sexy, geil, wenn du geil bist … und er ist natürlich total verliebt in dich! (Das sagt er dir jedenfalls!) … Du hast keine Chance mehr!

„Er" ist jetzt ganz genau der supercharmante Typ, den du dir schon immer gewünscht hast! „Er" ist der Typ, der dich so liebt, wie du bist und der auf dich eingeht und der dir (auch eine Art der Manipulation) immer wieder gute Ratschläge gibt! … Du kannst es kaum glauben, dass es so einen „guten Menschen" wie „ihn" überhaupt gibt! Ja! Du fängst an, diesen Traum zu glauben und du fängst an, „ihm", (deinem „Gott"), absolut zu vertrauen und ihn vollkommen selbstlos zu lieben! (Man könnte auch sagen: Du fängst an, ihm „hörig" zu werden!) … Du hast keine Chance mehr!

„Er" lässt dich glauben, dass du endlich den „einen und einzigen Freund" fürs Leben gefunden hast, den du immer schon gesucht hast! Nämlich den einen, der alles mit dir macht! Der immer für dich da ist und für den auch du immer da sein kannst! … Du hast keine Chance mehr!

„Er" ist jetzt für dich der eine, der alles mit dir teilt! Und mit dem auch du alles teilen wirst! … Du hast keine Chance mehr!

Dabei ist dein Todesurteil schon längst unterschrieben. Ja! … Und stell dir nur vor: Du wirst teilen! Ja, klar, wirst du teilen! … Mit deinem „besten Freund", dem „Soziopathen"! … Und zwar neunundneunzig zu eins! … Wobei die neunundneunzig Prozent immer nur von dir ausgehen und nicht von ihm! Er wird dir niemals etwas geben, aber er wird alles von dir nehmen!

Ja! … Er wird immer nur nehmen … und nehmen… und nehmen … und nehmen … und nehmen! Und dabei zusehen, wie du für ihn arbeitest, ihm deinen Körper hinhältst oder ihm dein Geld gibst, weil er dir ja ständig sagt, dass er so arm ist und dass er sich nichts leisten kann!

Und du? … Du wirst blind sein und geben und geben und geben! … Dafür sorgt dein Soziopath oder Narzisst, ohne dass du es überhaupt mitbekommst! … Im Gegenteil: Er suggeriert dir ja sogar noch, dass du etwas „Gutes" für „ihn" tust, wenn du z.B. die Schulden seiner Tochter bezahlst oder seinem Bruder ein Auto kaufst, weil der sich gerade in einer „finanziellen Notlage" befindet! … Oder wenn du eine Wohnung für den Sohn deines Soziopathen einrichtest, um ihm diese dann zu schenken, weil dieser ja so arm ist und aus irgendeinem gaaaaaanz, gaaaaanz schlimmen Grund gerade nicht selbst arbeiten kann! Dieses, zugegeben sehr „ungleiche" und asoziale

Verhältnis des gegenseitigen Gebens, welches in eurer „wunderbaren Freundschaft" herrscht, wird „er" dir langsam und stetig „anlernen", und du wirst es genauso langsam und stetig fressen!

Du wirst es solange fressen, bist du denkst, es wäre vollkommen „normal" dass du ihm dein Geld gibst und dass du ihn mit deinem Geld bedienen musst, um ihm die Liebe zu beweisen! Blind und verliebt wie du bist, wirst du niemals auf die Idee kommen, dass „er" dich nur ausnimmt und jeden Abend seinen Spaß mit dir hat, wenn er seinen fetten … (dieses Wort wurde vom Autor gelöscht - Zur Erklärung - Solch eine Klammer wirst du in diesem Buch immer wieder mal finden - Hier kannst du dann selbst das Wort einfügen, das dir passend erscheint.) … in dich reinsteckt!

Du wirst niemals auf die Idee kommen, dass das, was du da vor dir hast, ein eiskaltes, empathieloses Monster ist, das deinen finanziellen Ruin und deinen Tod vom ersten Tag an explizit geplant hat! Weil es an dein Geld ran will!

Du wirst auch niemals auf die Idee kommen, dass das, was du da vor dir hast, ein eiskaltes, empathieloses Monster ist, das sich jeden Tag sexuell von dir befriedigen lässt, weil es sich dann das Geld für eine teure Hure spart! … (Ja, ließ es nur und schau nicht weg: Mehr bist du ihm nicht wert! Du bist ein kostenloser Fick für ihn / für sie!)

„Du" wirst sogar bis zum letzten Augenblick glauben, dass das, was da vor dir steht, ein Mensch ist, der dich liebt und der alles für dich tut! … (Glaube mir: „Der" ist kein Mensch! Nein! … K e i n Mensch … „der" ist was anderes!)

Das du glaubst, dass er Mensch ist, dafür sorgt dein Soziopath mit seinen Lügen: Er wird klein anfangen und nur eben mal den

Eintritt in ein Wellness Center von dir haben wollen, weil „er"
sich das nicht leisten kann! Schluchzend und weinend wird er dir
eine so herzzerreißende Lügenstory auftischen, dass du fast
nicht anders kannst, als „ihm", (deinem „Liebsten") den Eintritt
zu bezahlen! ... Doch am Ende wirst du ein Haus oder ein
Flugzeug für ihn bezahlen müssen, weil „er" dir jahrelang
eingeredet hat, dass „er" dich liebt und dass du ihn natürlich
auch liebst und das du ihn verlieren könntest, wenn du die
Dinge nicht so tust, wie „er" sie dir ... äh ... naja ... sagen wir
mal: „In deinen Kopf hinein scheißt!" ... Also sei gewappnet!
Denn wenn du dich mit einem Narzissten oder Soziopathen
einlässt, dann kann das in einem Mord enden:

Nämlich in deinem Selbstmord! ...

Ja, ja, ... das könnte dir durchaus passieren, wenn du plötzlich
absolut pleite bist und nur noch Schulden hast und nicht mehr
weiter weißt! Und wenn du dann noch siehst, dass dein
Soziopath komischerweise in genau derselben Zeit, wo du arm
geworden bist, absolut reich geworden ist! Und zwar so reich,
dass er seiner ganzen Familie in einen teuren Urlaub bezahlen
kann! Und gleichzeitig ein Auto für seine Tochter kauft!
Obwohl er „dir" noch vor zwei Monaten gesagt hat, er wäre „so
arm", dass „du" den Kinderwagen für die Tochter bezahlen
musst, weil „er" ihn sich nicht leisten kann! Und dir dann Fotos
aus dem Familienurlaub schickt! Welchen er von deinem Geld
bezahlt hat! Das er dir vor zwei Wochen gestohlen hat! Was du
aber nicht beweisen kannst! Weil er es so eingefädelt hat, dass
niemand es beweisen kann! Und das er dich, weil du für ihn jetzt
wertlos bist, von einer Stunde zur anderen auf die Straße wirft,
auf dich draufscheißt, dich bespuckt und dich sehr, sehr dreckig

beschimpft, verhöhnt und auslacht! … Das gibt dir dann den Rest!

Ja! … Dann bist du Nahe daran, dir eine Kugel in den Kopf zu schießen oder dich tot zu saufen! Was dein Soziopath ja so dringend möchte, weil dies ja natürlich ein wunderbarer „Abschluss" für eure Beziehung wäre! Für ihn wären dann alle Probleme (also du) beseitigt! Und das Geld, das er dir gestohlen hat, brauchst du ja dann auch nicht mehr! …

Ja, so läuft das! … Aber wie kommt es soweit, dass du jemanden so sehr lieben kannst, dass du ihm absolut vertraust? Pass auf!

So fängt er dich:

Er wählt dich aus mehreren Kandidaten aus und lässt dich antanzen! Die Kriterien für seine Wahl sind: Wie viel Geld verdienst du? Wie viel Geld hast du auf deinem Konto? Hast du irgendwo Geld angelegt? Hinterlegt? Vielleicht in Sparverträgen? Hast du irgendwo Bargeld deponiert? Was für einen Job hast du und wieviel Geld verdienst du da? Hast du ein Haus oder sonstige wertvolle Dinge, die man zu Geld machen könnte? Bist du naiv genug, um an die Liebe zu glauben, wenn man sie dir vorspielt? Und gibst du dann dein Geld? Lässt du dich leicht belügen? Kann man dich leicht manipulieren? Kann man dich steuern? Zahlst du mit deinem Geld Dinge, nur weil dein „Freund" dir vorweint, dass er sie braucht und sie sich nicht selbst leisten kann? „Suchst" du etwas? (Sex? Liebe? Freundschaft? - Dann bist du leicht zu steuern!) Kann man dich ficken ohne dass du dich zierst? Kann man dich sexuell abrichten, oder bist du zu prüde, um perverse Sexspiele mitzumachen? Bist du gut im Bett? Schluckst du, wenn man dir in den Mund spritzt? Hast du einen schönen, langen Schwanz oder geile Brüste oder eine enge Vagina? Bist du auf der Suche? Nach ihm? Oder nach der großen Liebe? Oder nach Freiheit und Anerkennung? Nach Sex oder sonst was!? ... Und ganz egal, was du suchst oder was du willst! ... Egal, was dein Traum ist: „Er" wird es herausfinden! Und „er" wird es dir geben!

Ja, du hast schon richtig gelesen: „Er" wird dir ganz, ganz, ganz genau das geben, was du suchst! Genau das wird „er" dir vorspielen, um dich zu ködern! „Er" wird dir „deinen" Traum vorspielen, um dich gefügig zu machen! Und du wirst es nicht Mal merken, dass es kein „Traum" sondern ein „Alptraum" ist, was er da mit dir macht! ... Ja! - „Er" wird dich einwickeln, wird dich manipulieren und umdrehen, wird dir einen wundervollen Traum über Freundschaft und Liebe in deinen Kopf hineinreden! Wird dir seinen Schwanz so tief und so gut reinstecken, bis du vor Geilheit nur noch so schreist, oder: „Sie" wird ihre Beine vor dir spreizen und dir ihre fette Muschi so geil hinhalten, bis du nur noch sabbern kannst und sie immer wieder vögeln willst! ... Ja! ... Glaube es mir: Dein Soziopath wird dich so dumm und so blind machen, dass du niemals glauben wirst, wie dumm und blind man sein kann! ... Und wenn das alles passt! ... Wenn er dich dann hat! ... Wenn „du" dann im siebten Himmel der „großen Liebe" schwebst und er jeden Tag heimlich über dich und deine Dummheit lacht! ... Dann probiert er dich aus:

Ob du leicht zu bedienen bist und ob du auch für seine Zwecke gut geeignet bist?! ... Ja, ja! ... Schon beim zweiten Mal wird er mit dir ins Bett gehen und dann darfst du ihn so richtig schön und ganz lang ficken! Das macht er aber nicht aus Liebe mit dir!... Dabei testet er dich einfach nur auf deine „Standfestigkeit" und ob du gut im Bett bist! ... Natürlich weißt du das alles nicht! … Ja, klar! … Dein verlogener Narzisst und Soziopath hat dir ja selbstverständlich ein total zufälliges und schicksalhaftes Zusammentreffen vorgespielt! … Und er sagt dir natürlich auch, dass er „niemals auf der Suche" war! (Was eine totale Lüge ist - Er hat dich gezielt und wochenlang aus mehreren Kandidaten ausgesucht!) Und sich natürlich nur ganz, ganz zuuuuufällig in dich verliebt hat! (Totale Lüge!) Und du Depp? … Du glaubst ihm das schon wieder! Wenn du dann sein „Auserwählter" bist und alle seine „Tests" bestanden hast, dann fängt er an, mit dir zu „arbeiten"!

Er belügt dich nach Strich und Faden und spielt dir seine große, große Freundschaft vor! Er erzählt dir sein schweres und schicksalhaftes Leben und wie sehr er auf „dich" gewartet hat. (Wieder eine Lüge – Er hat seit Jahrzehnten Menschen betrogen und ausgenommen und führt seit Jahrzehnten ein ausschweifendes Sexualleben mit verschiedenen Partnern! Er geht seit Jahren nicht zur Arbeit und machte sich seit Jahren ein faules Schakkalakka Leben, indem er immer einen anderen für sich arbeiten und bezahlen lässt und diesen „Opfern" das Geld gestohlen hat! … Was du natürlich nicht weißt, denn du kennst ihn ja erst seit ein paar Wochen, und weißt ja nur das über ihn, was „er" dir erzählt! …

Dass er mittlerweile ein kleines Vermögen an gestohlenen Geld auf seinem geheimen Konto versteckt hat, das erzählt er dir ja nicht! Er erzählt dir aber, dass er durch einen sehr, sehr schweren und natürlich von ihm total unverschuldeten Schicksalsschlag total am Ende und total arm ist und dass er sich nichts leisten kann! (Nein! … Er „erzählt" es dir nicht: Er „schauspielert" es dir monatelang jeden Abend nach dem Sex schluchzend und weinend in deinen Kopf hinein!) …

Er weint, weil er ja kein Geld hat und weil er doch ein einziges Mal nur noch „leben" möchte! ... Und zwar mit dir! ... Weil du sein bester Freund bist! ... Genau das sagt er dir! Er suggeriert es dir und manipuliert es dir in deinen Geist hinein! Und dazu weint und schluchzt herzergreifend in deinen Armen! ... Dann bläst er dir den Schwanz bis du nur noch schreist, oder leckt dir deine Muschi aus, bis du die Augen verdrehst! ... Und du? Du glaubst ihm diesen Scheißdreck schon wieder und bist absolut glücklich (und blind), so einen tollen Freund gefunden zu haben!

Einen, der auf dich „eingeht wie kein anderer" und einen, der dich „so wahnsinnig gut versteht" und dich „zweimal am Tag so richtig schön durchvögelt"! ... Ihr zwei seid jetzt ein tolles Team und ihr seid die „besten Freunde", die alles füreinander tun und sich gegenseitig „nie" belügen und sich immer und immer wieder gegenseitig stützen! ... Das glaubst du jedenfalls! Denn dafür hat dein Narzisst und Soziopath gesorgt: Er suggeriert es dir tagtäglich in deinen Kopf hinein! Ja! ... Er scheißt jetzt dein Gehirn zu!

Du bist ehrlich zu ihm! Und zwar absolut. Weil ihr euch das irgendwann mal unter einer heißen Bettdecke und sehr romantisch geschworen habt! Ja! ... „Er" hat das alles so eingefädelt ... deine „Ehrlichkeit" zum Beispiel! Aber nur „du" hältst dich daran! Denn „er" belügt dich jeden Tag nach Strich und Faden (was du wiederum natürlich nicht weißt, denn „du" glaubst ja die ganze Zeit an seine Ehrlichkeit, Freundschaft und an seine große, große Liebe, die er dir jeden Tag schwört!)

Deine Ehrlichkeit braucht er! Um dich ausnehmen zu können! Und selbstverständlich braucht er auch dein Vertrauen! Schließlich muss er wissen, was du alles hast und er muss auch wissen, wo es ist und wie er da ran kommt! Er braucht die Zugänge zu deinem Konto und deine Passwörter! Er braucht den Schlüssel für dein Schließfach und er muss wissen, in welcher Blechdose du deinen „Notgroschen" versteckt hast! Er braucht auch das Amazon Passwort und die Nummern auf deiner Kreditkarte! … Ja, all das braucht er für den Tag, an dem er dich rauswirft! Denn an diesem Tag sahnt er richtig ab und nimmt dir auch noch das Geld, das er dir bis dahin „gelassen" hat! … Und genau dazu braucht er dein Vertrauen! Um die ganzen Zugänge zu deinem Geld zu wissen!

Und du? Unter dem Vorwand, dass „er" ein Finanzgenie ist und über deine Finanzen mal „freundschaftlich" drüber schauen möchte, zeigst du ihm schon nach ein paar Monaten und ganz offen deine Lohnabrechnungen, deine Bausparverträge und dein Sparbuch! … Ihr seid ja mittlerweile die besten Freunde! … Ihr seid ja absolut ehrlich zueinander, füreinander bestimmt und für den Rest des Lebens fest zusammen … das glaubst du jedenfalls … weil „er" es dir jeden Tag so sagt! … Jetzt weiß er, was du hast, wo du es hast und was du monatlich verdienst! „Er" kann dich dadurch sehr gut einschätzen, dich aushorchen und dich steuern, wie er will!

Er „probiert" dich aus. Wenn er „das und das" zu dir sagt, wirst du „das und das" tun. So wird er deine Reaktion auf bestimmte Befehle sehen, die er dir nie direkt sagen wird, die er dir aber gibt und die er dir suggeriert und dich zu ihnen hin führt. Jetzt wird er wissen, wie du reagierst und er wird dich dadurch noch besser und gezielter steuern können. Wenn du zum Beispiel auf sein Weinen reagierst, wird er weinen! Wenn du auf Jammern oder Ficken reagierst, wird er Jammern oder Ficken, um dich zu steuern! „Ihm" ist es vollkommen egal, womit er dich blöd machen kann! „Er" wird einfach nur genau das tun, was du „brauchst", damit du unmerklich alles Preis gibst und alles tust, was von Nöten ist, damit „er" dich steuern und (vor allen Dingen) abzocken kann! Und ab jetzt fängt er an, dir gute Ratschläge zu geben, die alle nur ein Ziel haben: Ihn reich zu machen … und dich arm! Wie? Du glaubst immer noch nicht, dass es solche Drecksäue wirklich gibt? Dann ließ weiter: „Du" bist absolut ehrlich zu ihm, weil du ihn aus tiefsten Herzen liebst! … „Er" hat dich aber schon belogen und manipuliert, noch bevor er dich aus dem Freundschaftsforum im Internet gefischt hat!

Ihr „unterstützt" euch gegenseitig: Aber diese „Gegenseitigkeit" gibt es nicht! Denn ohne, dass du es merkst, bist nur „du" derjenige, der jeden Tag in die Arbeit rennt und nur „du" bist der, der das Geld ran schafft und nur „du" bist der, der zu Hause die Arbeit macht und alles organisiert und macht und tut und werkelt! … So blind und so dumm hat er dich schon gemacht und dir deinen Verstand mit seinen Liebes - Lügen und seinem dicken Schwanz oder zwei feuchten Lippen aus dem Kopf gefickt! … Dein Narzissten - Freund erfindet jetzt Wörter wie „Wir zwei!" oder „Du und ich!" oder „Freunde fürs Leben!"… Und du glaubst ihm diesen Scheißdreck schon wieder! Dabei hörst du gar nicht, wie hinter dir die Falle zuschnappt und eigentlich … ja, eigentlich … da bist du schon tot!

Jetzt bist du verloren! Deine Fehler sind deine Tugenden! Es sind die Sachen, die eigentlich nur „gut" sind: … Es sind die Sachen, die „menschlich" sind, und die dich in die Fänge dieses Monsters geleitet haben! Es sind gute Gefühle und gute Absichten, die du hast: Dein gutmütiger Charakter! Deine

Ehrlichkeit! Deine Hilfsbereitschaft! Deine Loyalität oder dein Instinkt, jemandem zu helfen, der in Not ist, usw. usw… Ja! Dein Fehler ist deine Menschlichkeit und dass du an die Liebe glaubst und das du „ihm" vertraust! „Ihm", der dich nur bestehlen und durchficken will! Aber wie gesagt: … Du weißt es ja nicht anders! Denn dieses (dieses Wort wurde vom Autor gelöscht) spielt dir wirklich jeden Tag den absoluten besten Freund und diese absolute große Liebe vor! … Du müsstest jetzt so sein, wie er! Eine (diese Wörter wurden vom Autor gelöscht), die jeden vergewaltigt und ausnutzt! … Dann würdest du ihn vielleicht erkennen und ihm nicht mehr vertrauen. Aber du bist ja „nur" ein Mensch und keine Bestie! … Und du glaubst und vertraust ihm. Dabei lügt und lügt und lügt und lügt er dich nur an!

Dein Narzisst/Soziopath glaubt auch. Aber nicht an dich! Nein!… Er glaubt an sich selbst. Er weiß jetzt schon, dass er dir, wenn er mit dir fertig ist, so wehtun wird, dass du dich vielleicht sogar wegen ihm umbringen wirst! So wie er es mit deinem Vorgänger und deinem Vor - Vorgänger und den Opfern davor auch schon gemacht hat! …

Dein Soziopath oder Narzisst ist sich dessen absolut bewusst und lebt trotzdem jeden Tag mit dir zusammen und sagt dir jeden Tag mit einem lachenden Gesicht, dass er dich „liebt"! Stell dir das mal vor:

Diese Kälte, die man haben muss, um so dreckig zu sein! Übrigens belügt er nicht nur dich, sondern auch sein komplettes Umfeld! … Einschließlich seiner eigenen Familie! Er küsst dich voll gespielter Liebe und weiß ganz genau, dass er dich in ein paar Wochen in den Selbstmord treiben wird! Weil er den Plan dazu schon lange gemacht hat! Wenn er dich nämlich abgezockt und dir dein ganzes Geld gestohlen hat, dann tötet er dich! Jedenfalls versucht er es! Und zwar kaltblütig und geplant! ... Paradox, gell?

Was? Das glaubst du nicht? Na, dann frag mal die Opfer! ... Du kannst es ruhig glauben! Kennst du zufällig einen? Ja? Nun ... Auch wenn der, an den du jetzt gerade denkst, ein wirklich feiner, wunderbarer und ehrlicher „Gut - Mensch" für dich ist, der sich sozial engagiert und ehrenamtlich was weiß ich macht! Stell dir nur mal vor: Genau „DER" hat es vorsätzlich, eiskalt und dreckig g e p l a n t und alles dafür getan, dass ein anderer Mensch sich u m b r i n g e n wird! Und bei ein paar anderen hat er es v e r s u c h t ! Ja! Genau der Typ, den du kennst und von dem du selbst sagst, das der niemals! so etwas machen würde! Der tut genau sowas!

Das! musst du wissen, wenn du dich vor so einem Vieh schützen willst! Du musst verstehen, dass so einer ganz, ganz anders ist, als wie er ist, wenn er seine Gier durchsetzen will! Denn wenn du zufällig in die „Verlegenheit" kommst, dass „du" mal seine Gier bist (dein Geld, dein Körper), dann musst du wissen, dass es Monster gibt, die sich so verstellen können! Ja! Es gibt Massenmörder, die den Kindern die Haut vom Leib geschnitten haben, während sie sie vergewaltigt haben! Und eine Stunde später waren diese Massenmörder wieder ein liebevolles, ganz normales Familienmitglied, ein Ehemann oder ein Familienvater und ein ganz normaler, liebenswürdiger „Mensch"! (Siehe z.B. „Schwarze Akte" in YouTube!)

Ja! ... Man fragt sich wirklich, wie kalt man sein muss, um so etwas zu tun? Vielleicht sogar jahrelang mit jemandem zu schlafen in der Gewissheit, dass man ihn nur im Bett hat, um sich alles von ihm bezahlen zu lassen und dass man ihm bald sein Vermögen stehlen wird und ihn vielleicht sogar: In ein paar Monaten indirekt ermorden wird!

Ja! … Der Narzisst oder der Soziopath glaubt auch! Aber nicht an dich! So wie es in einer wahren Liebe üblich wäre! … Nein!… Er glaubt nur an sich selbst! Alles andere, so denkt er, kann er benutzen und damit machen, was er will! Er ist der „Kommander"! Und das ist sein Grundsatz! „Er" ist der „Übermensch" … und du bist nur sein Lakai, den man belügen, betrügen, benutzen und ficken darf, so oft man es will! Er macht dich blind und taub und zeigt dir immer nur das, was du sehen sollst! Alles andere bleibt für dich unsichtbar! Kurz gesagt: Er belügt und betrügt dich vom ersten Tage an nach Strich und Faden! (Geht übrigens auch in der Politik!)

Kapitel drei: Der „Zwei – Konten – Abzock" - Trick

Ein Beispiel: Ein Soziopath hatte zum Beispiel mehrere Konten, auf denen er das Geld, das er seinen Opfern gestohlen hat, deponiert hatte. Er kaufte sich von dem gestohlenen Geld Wohnungen und Autos und verteilte es an seine Kinder! Es waren zwei Konten: Auf dem einen hatte er nie mehr als zweihundert Euro! Auf dem anderen Konto hatte er all das Geld, das er durch seine Liebesschwüre und Lügen von seinen Opfern erbeutet und gestohlen hatte! Schätzungsweise müssen es mehrere hunderttausend Euro gewesen sein!

Der Trick geht nun so: Die Kontoauszüge von dem Konto, auf dem das Geld liegt, hält er natürlich vor seinem „Lebenspartner" absolut versteckt. Dieser soll nämlich immer denken, dass „er" (der Soziopath) sehr, sehr arm ist! ... Die Kontoauszüge des anderen Kontos aber, auf dem nie mehr als zweihundert Euro sind, liegen sehr, sehr oft (und natürlich tooooootal unabsichtlich) auf dem Küchentisch herum, wo jeder sie stundenlang anschauen und studieren kann!

Der Lebenspartner sah also immer nur die Kontoauszüge, auf denen k e i n Geld war und glaubte somit natürlich, dass sein „Liebster" so arm wie eine Kirchenmaus wäre und er ihr/ihm aus dieser Notlage immer helfen müsste! ... Ein uralter Buchhalter - Trick. Der funktioniert bei „guten und hilfsbereiten Menschen" immer! ... Weil du den „Helfer - und den Samariter-Instinkt dieser Menschen anbohrst. Noch dazu, wenn der (soziopathischer) Lebenspartner sehr oft in deinen Armen weint und jammert und jämmerlich schluchzt und er dir immer wieder erzählt, dass er nicht mehr weiß, wie er das alles bezahlen soll!... Und dir dann einen runterholt oder dir einen bläst oder dir seinen Hintern oder Schwanz hinhält, damit du damit machen kannst, was du willst!

(Nochmal: Wir reden hier genau von der Person, die genau in dem Moment hunderttausende von Euro auf einem heimlichen Konto gebunkert hat, während sie dir weinend und schluchzend erzählt, sie wäre total arm, damit „DU" ihr ein Luxus – Schakkalakka - Leben in Saus und Braus finanzierst!)

Wenn dann noch Sprüche dazukommen wie: „Wenn ich nach der Scheidung die Hälfte meiner Firma bekomme, zahle ich dir natürlich alles wieder zurück!" Oder: „In ein paar Monaten habe ich einen besseren Job und wenn wir dann erst einmal verheiratet sind, kann ich dir ja alles zurückzahlen!" ... Dann siehst du als „liebender" Partner überhaupt kein Problem darin, deinem „Liebsten" finanziell zu unterstützen! ... Ihr bleibt ja schließlich ein Leben lang zusammen! … Das sagt dir jedenfalls dein Soziopath Tag für Tag! … Ja! … Dein Soziopath stilisiert dich zu seinem besten Freund hoch und suggeriert dir dann, dass „er" leider total arm ist! … Damit „du" für ihn den Geldbeutel aufmachst und „ihm" hilfst und „ihm" seinen Traum erfüllst! Er suggeriert dir, dass „sein Traum" auch deiner wäre! … Und „euren" Traum nennt er dann: „Endlich Leben"! Und zwar richtig teuer! (Natürlich mit „dir"! … Ja, klar! … Du darfst ja auch (noch) dabei sein!) … Aber natürlich, ohne, dass „er" selbst etwas dafür bezahlen muss! Ja, ja: Er will ein Motorrad, eine E-Bike, ein Auto, eine Wohnung, ein Wohnmobil, einen Pelz, einen goldenen Ring mit einem Opal darin, teure Reisen, ein gefülltes Bankkonto, ein Schließfach voller Geld, usw. usw. usw. usw. usw! … Ja! Es geht immer nur um dein Geld und fast immer nur um deinen Sex! Und meistens geht es um beides:

Wenn du ein bisschen naiv bist! Gutmütig, freigebig und hilfsbereit! Wenn du an die Liebe, an die Ehrlichkeit, an die Freundschaft und an das Gute im Menschen glaubst … was ja nichts Schlechtes ist! … Wenn du deinem Narzissten immer ganz ehrlich sagst, was du denkst, so dass er dich absolut gut einschätzen und einplanen kann! … Wenn du ihm alles zeigst. Deine Bausparverträge … deine Kontoauszüge und deine Lohnabrechnungen! … Wenn du dann noch Geld hast und so richtig gut im Bett bist! … Dann bist du für den Narzissten oder Soziopathen ein Volltreffer! Dann bist du der absolute Sechser im Lotto für ihn! Und genau dann hat er so richtig seinen Spaß mit dir! … Wenn du so einer bist, dann wird er dich jahrelang halten, wie ein „Vieh", dass er sich abrichtet! Ein Vieh, das man sich hält, um es zu melken, zu schlachten und zu schächten!

Und genau das wird er mit dir tun! Irgendwann! Er wird dich schlachten! So eiskalt und so brutal, dass du es unmöglich glauben kannst, dass ein „Mensch" überhaupt so sein kann! Denn wenn er dich vollkommen ausgenommen hat und du pleite bist, dann bringt er dich um!

Er reißt dir deine Seele aus dem Leib und richtet alles so ein, dass du dich aufhängen oder erschießen willst! Ja! Er will, dass du dich tot säufst oder dich vor ein Auto wirfst! So hat er nämlich dein Geld und deinen Tod! … Für ihn sind dann alle Probleme beseitigt!

Vorher achtet er aber sehr explizit darauf, dass du dein Maul hältst, solange du noch lebst! Denn eines weiß er: Die Wahrheit über ihn darf nie jemand erfahren! Niemals! Seinen „Gut Mensch Mantel", den er vor uns allen ausbreitet, den behält er! Weil er uns eiskalt alle anlügt! Und du? Du bekommst den schwarzen Mantel des Todes von ihm geschenkt! …

Merke dir eines: Ein empathieloser Narzisst oder ein (noch schlimmer) kaltblütiger Soziopath geht über Leichen und praktiziert bewusst und gezielt den „perfekten Mord"! Er legt keine Hand an dich! Aber er richtet alles so ein und so hin, dass sein Opfer es selbst tun „könnte"! Und dieses „könnte"! … Das ist sein Ziel! Wenn er dich nach der Trennung quält und verhöhnt und dich schächtet wie ein Vieh, dann hat das nur diesen einen Grund! Er will, dass du es tun „könntest"!

Und dann sagt der Soziopath vor den anderen Leuten, Sachen wie: „Na, wenn „der" sich doch endlich aufhängen würde, dann hätte ich meine Ruhe!" … Was zwar seine Absicht nicht offen zeigt, aber seinen Wunsch dann doch irgendwie verrät! … Nämlich den Wunsch nach deinem Selbstmord! Und dann:

Wenn er dich erledigt hat: Dann sucht er sich sein nächstes Opfer! ... Darum sei nicht still und erzähle es jedem, was du gesehen und was du erlebt hast, wenn du es „überlebt" hast. Und erzähle denen da draußen, was dir passiert ist, bevor auch sie an so einen (dieses Wort wurde vom Autor gelöscht) geraten und von ihm blind und taub gevögelt werden! ... Schrei es laut hinaus: „Der da hat mich bestohlen und vergewaltigt!"

Weihnachten in der Geschlossenen …

(Eine Geschichte über Wut und Tränen - von Michi)

Alle feiern Weihnachten! Auch wir feiern natürlich mit … aber anders…

Nichts ist laut. Kein Lachen. Kein Weinen. Kein Gespräch! … Nichts! … Am Tisch liegt ein grüner Plastikzweig mit drei roten Kugeln darauf. Kerzen sind verboten … auch die Lichterketten. Man könnte sich mit ihnen die Pulsadern öffnen! …

Ja! … Ich bin an einem seltsamen Ort. Und hier an diesem Ort kannst du in die Hölle schauen. Es gibt nichts, was es nicht gibt. Vergewaltigung. Diebstahl. Seelische Vernichtung … Zerstörung … Gewalt … Manipulation und Hinterlist … oder auch alles zusammen! Jeder hat seine Geschichte! … Bei manchen sind ganze Firmen oder ganze Häuser draufgegangen!… Viele stehen vor dem Nichts. Bei dem einen hat die Frau es mit einem Arzt getrieben, damit der ihren Mann als unzurechnungsfähig erklärt und ihn für Jahre in einen Sanatorium einweist! … Bei dem anderen weiß man nicht einmal, was passiert ist: Er spricht nicht. Ein einziges Mal hat er was gesagt … Er sagte: „An dem Tag, an dem sie mich hier raus lassen, springe ich vor einen LKW!"… Das war alles!

Mein Weihnachten ist toll. Man hat mir ein Weihnachtsgeschenk geschickt: … Ein Schreiben von einem Rechtsanwalt und einen Strafbefehl über zweitausend Euro! … Ich weiß nicht einmal, worum es geht. Nur den Namen … den Namen, den kenne ich! Er ist wie ein Messer, dieser Name! Scharf und kalt und voller Blut! Wie ein Teufel, der nicht von mir geht! Ein Messer, das in meinem Rücken steckt und das jemand immer tiefer und tiefer hinein drückt! … Ich kann nicht mehr! … Ich kann nicht mehr!

Jetzt wohne ich an drei Orten gleichzeitig und meistens sogar in meinem Auto! … Das hast du gemacht! … Du!

Ich lebe aus dem Koffer … aber egal! Und nein! Nein, nein, nein! … Ich kann nichts dafür! Und ich bin auch nicht selber schuld, dass ich in diese Lage geraten bin! … Nein! Das sagen auch alle Ärzte! … Ich habe nie etwas Böses getan und habe immer allen anderen geholfen und war immer für alle da! Ich hab ein Leben lang gearbeitet und war immer ein guter Mensch! Ein Leben lang! Für jeden! Aber ich wurde von einem gierigen Vieh angefallen, eingewickelt, manipuliert, ausgenutzt und betrogen und belogen und in den Arsch gefickt und weggeworfen! … Und genau das ist die Geschichte von allen hier! Und egal, welche Lügen du auch immer über uns erzählst, du dreckiger Soziopath! … Wir sind Menschen! Versteht ihr!? Menschen! … Menschen, die menschlich denken und menschlich handeln! Genauso, wie es sein soll! Wir sind keine Bestien und keine Kinder-Fick-Maschinen, so wie ihr! Und genau das ist der Unterschied: Weil wir an die Liebe glauben! Unsere Tugenden, wie Hilfsbereitschaft, Glauben und Vertrauen sind unsere Schwächen! … Und natürlich auch die Liebe, die wir geben und die allseits in uns wohnt! … So könnt ihr an uns ran! Ihr habt sie schamlos ausgenutzt! Ja! Vor allem du! … Du hast die Liebe gelogen und gelogen und gelogen und gelogen und gelogen und gelogen und gelogen und gelogen und gelogen, um dich in meinem Geld zu suhlen, wie eine (dieses Wort wurde vom Autor gelöscht)!

Die Liebe wird schamlos ausgenutzt! Wusstet ihr das? Ich nicht! Ich dachte immer, die Liebe ist etwas Heiliges! Etwas, das man niemals benutzt, sondern immer nur absolut und ehrlich gibt und hütet und sie wirklich lebt! Etwas, vor dem man absoluten Respekt haben sollte! ...

Dass man, wenn man nur dreckig und kalt genug dazu ist, das Versprechen der Liebe dazu benutzen kann, um einem anderen etwas zu stehlen, das wusste ich nicht! Ich war so naiv! Wie alle hier...

Die Schulden, die ich vor Jahren noch gemacht habe, um für dich ein neues Leben aufzubauen, die habe ich mittlerweile fast abgestottert. Hörst du? Dein Opal Geschmeide. Dein Auto. Dein Zweirad. Die italienischen Schuhe. Deine Jacken und die Porno Unterwäsche für die Gang Bang Partys am Mittwochabend! ... Deine Latex Sachen. Deine Gartengarnitur. Deine teuren Kochtöpfe und die exquisiten Küchengeräte. Dein goldener Vibrator und dein schwarzer Womanizer! ... Was weiß ich noch alles: Alles fast bezahlt! Ich könnte mir sogar schon eine eigene Wohnung leisten, wenn ich wollte! Aber was soll ich damit? ... Es ist ziemlich egal, wo du deine Depressionen auslebst. Sie töten dich hier und sie töten dich dort! ... Und ehrlich gesagt, schlägt da wieder der Praktiker in mir durch: ... Warum soll ich mir die Arbeit machen, und eine Wohnung suchen, wenn doch ein Baum und ein Strick für mich vollkommen ausreichend sind?

Scheiße! Verdammte Scheiße! Dass die hier diese dünnen Lichterketten nicht zulassen! Diese Arschlöcher! Diese Scheiß - Arschlöcher! Du ziehst sie dir ein paar Mal durch das Handgelenk und kannst verbluten. Einfach so! Einfach nur gehen! ... Für immer nur gehen! Klick, und weg! Irgendwo da draußen, hinter einem Busch in der Kälte und im Regen!

Einfach verrecken, wo dich keiner sieht! Wo dich keiner findet! Wo dich keiner weiß! … In einem „Haus", ganz weit draußen!

Verdammte Scheiße! … Und ja! … Es stimmt! … Manchmal denke ich, es wäre einfach Zeit, zu gehen! … Nicht weil ich verletzt bin oder so! … Nein! … Aber ich bin alt und pleite und habe keinen Ort, an dem ich leben kann! … Ich habe weder eine Zukunft, noch eine Familie, noch eine Perspektive! Und das weiß ich!

Ich werde es auch nie mehr schaffen, das alles noch einmal aufzubauen! Auch das weiß ich! Und noch was: Ich habe meine große Liebe verloren. Den Menschen, den ich am meisten in meinem Leben geliebt habe! … Jeder wusste das! Auch du wusstest das, als du es getan hast! So kalt bist du! … Eine zerstörte Seele kann nicht kämpfen, wenn man sie mit Gift und Lügen verbrennt! … Und genau das wusstest du und deswegen hast du es auch so gemacht: So kalt und so bestialisch und so dreckig brutal, wie du nur konntest! …

In der letzten Zeit haben wir hier sehr viel über Psychopathen gelernt! Heute verstehen wir sehr gut, wie sie vorgehen, wie sie arbeiten … und naja … wir könnten natürlich so werden wie sie! Dann könnten wir alles wieder herstellen! Es ist nicht schwer! Es ist sogar sehr einfach, ein Narzisst oder ein Soziopath zu sein. Man muss nicht denken oder überlegen. Man muss nur kalt sein! … Eiskalt! … Und keine Reue und kein Gewissen haben! Aber da liegt das Problem! Denn ich … und auch die anderen hier … wir alle! … Wir haben nämlich ein Gewissen! Und sogar ein Reines! Ganz einfach deshalb, weil „wir" die Menschen sind! Wir sind Menschen und keine Monster! So wie du!

Nun ... feiere schön dein Weihnachten, du (diese Worte wurden vom Autor gelöscht)! Esst und trinkt von fremdem Geld und lebt in gestohlenen Häusern und seid lustig! Ich hoffe es gibt Sauerbraten! Den mag ich am liebsten! Er erinnert mich an Tage in der Hölle und an die Zeit der Pest. Ich betet dafür, dass denen, dich ich liebe, ein guter Zustand und der Frieden erhalten bleiben und ihr niemals das spüren müsst, was wir spüren! Mein Geschenk ist ein Totenlied! Ein Lied für dich in meinem Kopf! Und dieser Strafbefehl über zweitausend Euro! Mehr hab ich nicht! Ich habe nichts mehr zu verlieren! ... Vielleicht sehen wir uns irgendwann Mal wieder!

Und ja: ... Eins noch für euch alle! ... Wenn ihr irgendwo jemanden habt, der jetzt alleine ist und ihr wisst, dass er Weihnachten alleine verbringt! ... Dann nehmt euch drei Minuten Zeit und ruft ihn an! Vielleicht rettet ihr ein Leben! ...

Anmerkung des Autors zum Thema Soziopathen: Liebe Michi. Narzissten und Soziopathen können es nicht verwinden, wenn sie nicht der absolute Sieger sind und du nicht absolut zerstört bist! So treten sie immer wieder nach! Sie haben Freude daran, dich zu quälen. Selbst wenn du halb tot am Boden liegst, werden sie dich mit ihren Stiefeln immer noch treten und dir in die Seite schlagen. Sie werden auf dich pissen und scheißen. Denn alles, was vulgär ist, gefällt ihnen! Und all dass, obwohl du alles für sie getan hast und ein wirklich guter Mensch bist und das auch immer warst! Sie haben dir alles gestohlen. Merk dir: Säue bleiben Säue, Michi, das weißt du doch! Und genau hier möchte ich das Wort „Unmensch" einfügen. Denn genau das sind sie: Solche Leute sind keine Menschen! „Wir" sind Menschen! Aber „die" nicht! ... Und wer „Mensch" zu solchen Säuen sagt, der lügt! Es sind bestialische Tiere ohne Reue und Gewissen!

Du warst der größte Fehler meines Lebens
(Gastbeitrag von RE)

Endlich bin ich aufgewacht
Heute habe ich zum letzten Mal dein Gesicht gesehen.
Auf einem letzten Foto.

Dann hab ich meinen Rock gehoben, meine Beine auseinander
gespreizt, so wie du es so gerne hattest… und hab auf dich
geschissen und gepisst … Ich musste mich übergeben, als ich an
die Zeit mit dir dachte …

Du warst der größte Fehler meines Lebens!

Deine verlogenen Augen
Deine dreckige Fotze
Und dein verlogenes Maul

Du warst der größte Fehler meines Lebens!

Ich habe lange in deine Augen geschaut
Ich bin nicht mehr blind
Ich bin nicht mehr taub
Und ich bin nicht mehr dumm

Du warst der größte Fehler meines Lebens!

Endlich bin ich aufgewacht und aus deinen dreckigen Fängen
entkommen. Deine Augen sind falsch. So wie dein ganzes Gesicht
falsch ist. Das falsche, verlogene Gesicht eines Schweines!

Du warst der größte Fehler meines Lebens!

Wie konnt ich dich nur lieben?

Wie konnt ich dich nur lieben?

Wie konnt ich dich nur lieben?

Wie konnt ich dich nur lieben?

Wie konnt ich dich nur lieben?

Wie konnt ich dich nur lieben?

Wie konnt ich dich nur lieben?

Wie konnt ich dich nur lieben?

Wie konnt ich dich nur lieben?

Wie konnt ich dich nur lieben?

Wie konnt ich dich nur lieben?

Wie konnt ich dich nur lieben?

Wie konnt ich dich nur lieben?

Wie konnt ich dich nur lieben?

Wie konnt ich dich nur lieben?

Wie konnt ich dich nur lieben?

Wie konnt ich dich nur lieben?

Wie konnt ich dich nur lieben?

Wie konnt ich dich nur lieben?

Wie konnt ich dich nur lieben?

Wie konnt ich dich nur lieben?

Wie konnt ich dich nur lieben?

Wie konnt ich dich nur lieben?

Worte an den Kinderschänder

Du Monster

Dich ein Schwein zu nennen
Wäre eine Beleidigung für Schweine
Du bist doch Dreck wie ich meine
Dreck gehört entsorgt ganz schnell
Aber wohin mit Dir, etwa in die Höll?
Nein auch dort wäre es noch zu schön für dich
Verbrennen bei lebendigem Leib
sollte man Dich

Und die Asche nicht ins Meer
Würde zu verschmutzen sehr
Ich würde Dich den Eltern
In die Hände geben
Falls sie es nicht selber sind
Du würdest nie mehr anrühren können
Ein unschuldiges Kind

Denn sie würden Dich zerfleischen
Einem Menschen nicht mehr gleichen.
Doch ein Mensch kannst Du jetzt schon nicht sein,
Der schlimmste Name für Dich
Fällt mir nicht ein
Du Höllenbrut
Verrecken sollst Du in Deinem Blut

Ein Gedicht von: Inge Wamser, Mannheim - Bravo Inge! Dein
Gedicht erinnert mich an jemanden, den ich kenne!

Josef, das Schwein

Oder: Wie Soziopathen Rache nehmen!

Kapitel eins: Der Talisman

Hier wird dir aufgezeigt, was passieren kann, wenn du die Trennung von einem Narzissten oder Soziopathen nicht ganz genau so ausführst, wie dein toxischer Peiniger das von dir haben will!

Nun! … Was er von dir haben will, ist folgendes: Ein Soziopath oder Narzisst will, dass du einfach nur die Schnauze hältst und das Geld, dass er dir gestohlen hat, vergisst und das du auf keinen Fall … und die Betonung liegt hier wirklich auf: „keinen Fall"… in der Öffentlichkeit auch nur ein einziges Wort über die Sache erzählst. Ein Soziopath oder Narzisst will, dass du dich zurückziehst und auf keinen Fall auch nur in der geringsten Weise das Ansehen von „ihm" (deinem toxischen „Herrscher") ankratzt. Denn „er" (und dieser Meinung ist er wirklich) hat das „Recht" dazu, so einen „Untermenschen" wie dich zu bestehlen, dein Konto zu plündern und dich zu vergewaltigen, wann immer „er" das will! … Lies also die Story, die jetzt kommt und denke dabei an den Vater des Sohnes. Stell dir vor, wie man sich fühlt, wenn man zuschauen muss, wie ein anderer dein Kind vergewaltigt, es belügt oder erniedrigt, nur um „dir" weh zu tun! Ja, ließ es nur! … So eiskalt agieren Narzissten und Soziopathen und machen dich fertig, wenn du dich erdreistest, auch nur ein einziges Wort der Wahrheit über sie zu erzählen! … Hier ein Fallbeispiel:

Ein ehrlicher Mann und eine verlogene Frau waren wunderbare Freunde. Jeder, der das Paar kannte, war fasziniert und fast neidisch auf so eine perfekte und wundervolle Beziehung! … Sie waren ein Liebespaar, ein „Ehepaar", beste Freunde und Bruder und Schwester zugleich! Und das alles ohne Trauschein! Nichts konnte sie trennen, nichts konnte zwischen sie geraten! Ja … Der Mann und die Frau: Sie waren das perfekte Paar! Was der Mann (und auch all die anderen) natürlich nicht wussten, war: Die Frau spielte dem Mann das alles nur vor! Sie log und log und log und benutzte den Mann nur, um nach oben zu kommen!

Sie log uns alle an! Eiskalt! Sie beutete den Mann aus, stahl ihm das Geld und suhlte sich in seinem Licht: Denn er war jemand, der Erfolg hatte, der Dinge bewegen konnte und sein Leben selbst in die Hand nahm! Sie hingegen war eher ein dummes Licht, das keinen Nagel in die Wand bringt, wenn man ihr nicht dabei hilft. Das einzige, was sie konnte, war ficken. Und das tat sie! Mit all ihrer Kraft und mit all ihrem Einsatz! Sie fickte mit dem ehrlichen Mann und sie fickte mit jedem anderen Mann auch! … Hauptsache, es brachte ihr Vorteile! … Oder eben Geld! Und ja … der Mann dachte natürlich, er hätte den „Freund" fürs Leben gefunden, … (eine typische Soziopathen – Beziehung also) aber leider war es nicht so! Sie hat ihn immer nur belogen und manipuliert! Wie gesagt: „Sie" war für ihn „der" Freund des Lebens! … Aber „er" war für „sie" nichts anderes als „der finanzielle Volltreffer des Jahres, den es nun auszunehmen galt!" … (den die Asoziale übrigens finanziell ausnahm, bis zum letzten Hemd! Wer kann sich das nicht denken …?)

Nun! … egal! … Für die Geschichte, die jetzt folgt, ist es vollkommen egal und muss hier nur erwähnt werden, um die nachfolgenden Zusammenhänge besser zu verstehen. Natürlich kann man sich denken, dass die Sache mit dem Mann und dieser Frau nicht lange funktionierte und nachdem die Frau genug Licht (und Geld) aus dem ehrlichen Mann geschöpft hatte … verurteilte sie ihn zum Tode! Sie verbreitete Lügen über ihn und lies das Haus versteigern… Sein Geld war weg! Wie soll man sagen? … Im Grunde genommen war es einfach nur die übliche Vorgehensweise eines weiblichen, asozialen Soziopathen!. Aber nun zu der eigentlichen Geschichte:

Der ehrliche Mann hatte einen Talisman, den er hütete, wie seinen Augenapfel! Es war ein Halsband. Ein Halsband mit einem Anhänger daran. Er glaubte fest an den Talisman und auch daran, dass er ihm Glück brächte! … Als die Frau ihn damals verlassen hat, da hatte er ihn seltsamerweise nicht bei sich, weil er ihn verliehen hatte. Und so glaubte er noch fester an die Wirkung seines Talisman, denn er sagte sich: „Hätte ich das Halsband damals bei mir gehabt, wäre alles nicht so gekommen! …"

Das Halsband hatte er zu diesem Zeitpunkt der Tochter dieser Frau geliehen. Und zwar ein paar Stunden, bevor diese Frau ihn verlassen hatte. Die Tochter seiner „Lebensgefährtin" hatte eine Krankheit und erwartete in den nächsten Tagen eine Diagnose. Der Mann nahm das Halsband ab, (was er normalerweise nie machte), legte es der Tochter der Frau um den Hals und sagte zu ihr: „Du liebe Tochter meiner lieben Freundin! Dies ist mein Talisman. Mein Ein und Alles. Trage ihn und er wird dir helfen! Glaube mir: Die Diagnose wird gut ausfallen und du wirst gesund werden!" Und so war es dann auch: Die Tochter überlebte die Krankheit und die Diagnose stellte sich als ein Irrtum heraus. (Die Bösen werden nicht krank und leben ewig! Ist dir das schon mal aufgefallen?) Zu der Zeit war der ehrliche Mann sehr angeschlagen! Er hatte unheimliche Schmerzen in seinem linken Knie und konnte kaum noch gehen, geschweige denn, ein Auto fahren. Gleichzeitig verstarb sein Kind, was eine sehr schwere und sehr schmerzhafte Erfahrung für ihn war. Er war jetzt ganz unten und hätte wirklich jede Hilfe gebraucht! Doch der Frau war das egal! … Und auch hier kann man sehen, mit welcher Brutalität solche (diese Worte wurde vom Autor gelöscht) vorgehen!

„Sie" dachte nur an sich! „Sie" berechnete jetzt nur seine Schwäche und dass er sich kaum wehren könnte! Und weil der Mann gerade so sehr angeschlagen war und weil er in tiefster Trauer war und weil er eh schon nicht mehr konnte, würde sie nun leichtes Spiel mit ihm haben! … Vor ein paar Wochen war sein Kind gestorben, aber die teuflische Frau machte ihm genau jetzt und eiskalt und absolut rücksichtslos eine verlogenen Szene, beschimpfte ihn, überhäufte ihn mit Lügen und verließ ihn! Sie ging zum Rechtsanwalt und nahm dem Mann auch noch das, was sie ihm bis jetzt noch nicht genommen hatte: Sein letztes Geld, sein Haus, seine Wohnung, seine Möbel! … Sie stahl ihm alles! Ja! … Der Mann war gerade komplett verzweifelt und genau „das" nutzte diese (diese Worte wurde vom Autor gelöscht) aus, um ihn fertig zu machen! Zu einer ihrer Bekannten hat sie gesagt: „Hoffentlich bringt er sich bald um! Dann habe ich die wenigsten Probleme! Grund genug dazu hätte er ja!" Und hat gelacht!

Ja … Im Gegensatz zu ihr hatte er ein Leben lang gearbeitet und trotzdem hatte er jetzt alles an diese Frau verloren, die noch nie sehr viel gearbeitet hatte! ... Sie, die dreckige Asoziale, war jetzt reich! Und er, der sein Leben lang gearbeitet hatte, war jetzt ziemlich arm und total verschuldet!

Das einzige was ihm blieb, war ein altes Radio, zwei Messer, eine billige Pinnwand und ein kaputtes Nudelbrett! ... Und natürlich jede Menge Schulden, die er für die Frau gemacht hatte! Er war absolut verzweifelt! ... Und natürlich pleite!

Nach Monaten, in denen der Mann sehr schwere Stunden erlebt hat und geschlagen und gepeinigt durch die Ungerechtigkeit und Falschheit der Frau wie in einem Alptraum lebte, kam eine Zeit, in der er verzweifelt versucht hat, wieder Fuß zu fassen und klar zu denken!. Er wollte sein Leben wieder aufbauen. Gelungen ist ihm das nur halbwegs und wenn wir heute ehrlich sind, hätte dieser arme Mann damals die Hilfe eines professionellen Arztes benötigt! Er zog sich immer mehr zurück und redete mit niemand mehr (so gehen übrigens auch Vergewaltiger oder Kinderschänder mit ihren Opfern um. Auch sie stellen ihre Opfer durch gezielte Lügen und Intrigen auf das Abstellgleis und stellen sie dadurch „ruhig"!) Er war ruiniert, verzweifelt, halbtot, krank und in tiefster Trauer! ... Da besann er sich auf seinen Talisman!

Nun: Es war Vorweihnachtszeit und er dachte an seinen Talisman und er dachte daran, dass die Tochter dieser Frau, die ihm jetzt wie ein (dieses Wort wurde vom Autor gelöscht) erschien, diesen Talisman immer noch von ihm haben müsste! Er versuchte also, seinen Talisman zurück zu bekommen und schrieb der Tochter der Frau folgende Worte:

„Bitte gib mir meinen Talisman zurück." Die Tochter las seine Bitte und sagte dann zu der Ex - Frau des Mannes: „Stell dir mal vor, dein „Ex" hat mir geschrieben! Und weißt du was? Der Trottel will doch tatsächlich seine Sachen zurückhaben! Was glaubt der denn, wer wir sind? Spinnt der? Was bildet der sich denn ein? Nichts bekommt der!"

Da lachten die beiden Frauen über den Mann und ließen ihn wissen, dass „sie" entscheiden werden, wann „er" dieses „Ding" zurückbekommen wird! … Wohlgemerkt: Es war sein Eigentum! Er hatte es in gutem Glauben gegeben, um der Tochter, die jetzt ihr wahres und sehr dreckiges Gesicht zeigte, vor dem Tod zu helfen! … Nun: … Sie lachten über ihn und ließen ihn das auch noch ganz öffentlich wissen und spüren …

Da gab er ihnen folgende Nachricht - Er schrieb es ihnen ganz offen, wie in einem Buch: „Ich will den Frieden! Hört bitte damit auf, mich zu jagen und mich ermorden zu wollen! Hört bitte damit auf, allen Menschen, die mir wichtig sind, Lügen und Lügen und wieder Lügen über mich zu erzählen! Und gebt mir bitte mein Eigentum zurück! Es ist für mich ein sehr wertvolles Teil, da ich es nur ein einziges Mal in meinem Leben erwerben konnte und ich denke, dass es mir Glück bringt. Und: Es gehört mir! Es ist unumstößlich mein Eigentum! Ihr habt niemals das Recht dazu, es bei euch zu behalten!" Da lachten die Frauen wieder! … Und sie lachten Tränen über ihn und ihre ganze Familie lachte mit! Die ganze asoziale Brut legte sich auf den Boden, und hielten sich ihre (diese Worte wurde vom Autor gelöscht) vor Lachen über ihn! … Und so ging das wochenlang hin und her…

Da machte der Mann die Sache öffentlich und bat in aller Öffentlichkeit um Hilfe! Er sagte allen ganz offen, dass man ihm sein Eigentum nicht mehr zurückgeben will und fragte die

Menschen, ob ihm jemand helfen kann, sein Eigentum wieder zu beschaffen?

Jetzt bekamen die Frauen Angst, dass man die Wahrheit über sie erfahren könnte, und lenkten ein! Sie ließen ihn wissen, dass er „sein Zeug" schon irgendwann bekommen würde! Und zwar dann, wenn „sie" es für richtig halten! ... Da sprach die Frau mit ihrer Tochter und erzählte ihr folgenden Plan! ... Sie sagte: „Was bildet der sich ein, etwas von „uns" zu verlangen? So eine dreckige Sau! Nichts bekommt der! Jetzt muss endlich etwas passieren, dass ihm das Genick bricht!" ...

Sie sagte: „Pass auf! Ich werde ihm jetzt auch noch das Letzte nehmen, was er noch hat! Und das ist seine Familie! Und ich werde ihm auch „Josef" nehmen ... „Josef", seinen letzter Freund! ..."

Sie sagte: „Ja! ... Der Josef! Das ist sein allerletzter und bester Freund! Diesen Josef kenne ich gut! Der ist so dämlich und so schwanzgeil, der tut alles für mich! Wenn ich dem die richtigen Lügen erzähle und seinen Schwanz blase, dann wird er alles tun, was ich ihm sage! Mit „Josef" können wir alles zerstören, was mein „Ex" noch hat! Glaub mir: Der dumme Josef wird die Drecksarbeit für uns tun! ... Und ich werde es so machen, dass mein „Ex" sogar noch seine eigenen Kinder verliert! Ja! Seine eigenen Kinder werde ich durch Josef so gegen ihn aufhetzten, sie belügen und sie dreckig so abrichten, dass sie mit meinem „Ex" nie mehr sprechen! ... Pass mal auf! Das kann ich!" ... Es vergingen wieder Tage und Wochen, in denen der Mann auf seinen Talisman wartete, aber die Frauen bewegten sich nicht!

Da ließ der Mann sie wissen: „Ich habe es satt, diese abartigen und brutalen Spiele von eurer Gier und Überheblichkeit mitzuspielen und mache euch folgenden Vorschlag zur Güte: „Wir begraben den Krieg und leben von nun an in Frieden. Ihr gebt mir also den Talisman zurück und wenn es euch so schwer fällt, ihn ausgerechnet mir zu geben, dann will ich ihn meinem verstorbenen Sohn als Weihnachtsgeschenk geben. Das wäre dann neutral. Ich werde also die Halskette, wenn ihr sie mir gebt, an den Grabstein meines toten Sohnes hängen. Ganz offiziell: Es soll sein Weihnachtsgeschenk sein. Ich bitte euch jetzt einzulenken und ich bitte euch um den Frieden und ich bitte euch um mein Eigentum." Das waren sieben Tage vor Weihnachten und hier kommt jetzt eine dritte Figur ins Spiel … Und diese Figur heißt Josef. … „Josef" war ein guter Freund des ehrlichen Mannes und er war seit vielen Jahren sein Weggefährte. Der Mann vertraute Josef blind und erzählte ihm viel. Es war wirklich der allerletzte Freund, den der ehrliche Mann jetzt noch hatte! … Josef kannte die ganze Familie des Mannes und er kannte auch die noch lebenden Kinder des Mannes sehr gut! … Auch die verlogene Frau kannte der Josef sehr gut und diese umgarnte ihn jetzt mit ihren Lügen, mit ihren Schwüren, mit ihrer feuchten (dieses Wort wurde vom Autor gelöscht) und mit ihren Beinen! Und so kam es, dass der dumme Josef der Diener der Frau wurde! Von dem Augenblick an, als die Frau Josef mit ihren Beinen umschlang, ihn zu ihrem Zentrum zog und leise zu ihm sagte: „Los! Zeig mir alles, was du willst!" … War ihr Ex - Mann verloren!

Josef war jetzt die schwanzgesteuerte Marionette der Frau geworden. Aber auch Josef wurde belogen und mit den falschen Informationen gefüttert und sein Gehirn wurde manipuliert. Dabei halfen alle zusammen und am Ende glaubte Josef doch tatsächlich an die Lüge, dass sein langjähriger Freund, der ehrliche Mann, der nur seinen Talisman zurück haben wollte, ein Monster ohne Gewissen wäre! Das jedenfalls erzählten ihm die Frauen immer wieder! … Josef glaubte all die Lügen und war sehr erstaunt darüber, dass er in all den Jahren der Bekanntschaft mit dem Mann niemals erkannt hat, was der ehrliche Mann in Wirklichkeit für ein Schwein war! Die Frau benutzte dazu die persönlichsten Dokumente des Mannes, die sie ihm gestohlen hatte, drehte sie um und zeigte sie, absolut aus dem Zusammenhang gerissen, an Josef weiter, so dass dieser ein absolut falsches Bild von dem ehrlichen Mann bekam. Dazu weinte die Frau bitterlich vor Josef und bat ihn, ihr zu helfen, denn sie wisse ja nicht mehr weiter, und sie sei doch so deprimiert! (natürlich eine Lüge!) Und dann spreizte sie wieder ihre Beinchen und ließ sich vom Josef schön und lang in ihren Unterleib rammeln … Dabei lachte sie und dachte an den Untergang des Mannes … Und hier ist es wohl an der Zeit, zu sagen, wie Soziopathen funktionieren:

Zwischenbilanz: Wie funktioniert eine Bestie?

Der Soziopath wird niemals nachgeben! Selbst wenn alle anwesenden Personen über seine Lügen Bescheid wissen und es tausend Beweise dagegen gibt, wird „er" krampfhaft darauf bestehen, dass seine Lüge wahr ist!

Ein Soziopath wird niemals nachgeben! Niemals! In seiner Gedankenwelt ist „er" der „absolute Übermensch" und du bist nur Dreck! „Er" denkt von sich, dass „er" das absolute Recht dazu hat, Menschen zu peinigen, zu erniedrigen, auszubeuten, zu vergewaltigen, sich an ihnen zu bereichern, sie zu bestehlen und sie zu töten! Weil „er" ja der absolute, klügste und gerissenste „Übermensch" ist, den es überhaupt gibt! Habt ihr das kapiert!?

Er ist wirklich überzeugt davon, dass „er" das „absolute Recht" dazu hat, den Menschen alles wegzunehmen, was ihnen gehört! Weil er glaubt, dass „er" das bestimmen darf! (Stell dir diese kranke Gedankenwelt mal vor: Er denkt: Weil „er" etwas „Besseres" ist als du, darf „er" über dich bestimmen und dir sagen, wann du ihm gefälligst dein Geld zu geben hast! – Einen Scheißdreck werden wir! Ich hau dir eine mit 'nem Holzprügel in deinen stinkenden Sack hinein, du Drecksau, wenn du mein Geld auch nur anschaust!

„Er" denkt von sich, er darf unumstößlich entscheiden, wer etwas haben darf und wer nicht! Weil „er" ja der „Übermensch" ist und weil „er" der absolute „Herr" über alle Dinge ist! Hast du das jetzt endlich kapiert? Hm?

In seiner Gedankenwelt ist ein Diebstahl, den „er" ausführt, nicht einmal ein Diebstahl! Sondern nur eine „Gerechte Zuführung fremder Dinge in den Besitz dessen, der diese Dinge gerechter besitzen darf, weil er ein „Übermensch" ist!" … Und weil der, dem diese Dinge eigentlich gehören, in seinen Augen nur ein „Untermensch" sein kann, der mit diesen Dingen sowieso nicht umgehen kann und mit dem „er" dann machen darf, was „er" will, kann „er" diese Dinge ja auch nehmen wann und wie er will! Das ist doch nur Gerecht! Ja, ja … Das ist die „Ich bin der Herren#Mensch – Gerechtigkeit der Soziopathen! Ja! … So denkt ein Soziopath! … Überheblich, dreckig, arrogant und dumm!

Ein Soziopath wird immer alles stehlen und er wird immer alles behalten … und vor allem: … Er wird niemals etwas zurückgeben! Nie – mals!

Denn damit würde er ja zugeben, dass er es gestohlen hat und dass er einfach nur ein Dieb ist … Und ein „Dieb" ist er, so glaubt er in seiner empathielosen und kranken Gedankenwelt … natürlich bestimmt nicht! … Denn „er" ist ja der „Übermensch!" und „er" darf alles! Darum sagt er ja auch Dinge, wie: „Ich mache das, weil ich es kann!"… oder: „Mach doch kein Drama draus!" (wenn ich dich zum Beispiel vergewaltigt habe!) Denn „du" bist in seinen Augen ja ein „Nichts"! … Ein „Nichts", dass nur dafür auf die Welt kam, damit „er" es ausbeuten, ficken und quälen kann! … Was ihm ja sichtlich Spaß macht … frag mal die Opfer! (Zum Beispiel die Überlebenden der KZ! Denn die Aufseher (man nennt sie heute „Bestien"), waren damals doch bestimmt nichts anderes, als Soziopathen, Narzissten und toxische Personen, denen man den Freibrief dazu gab, ihre teuflischen Charaktere ausleben zu dürfen, ohne dafür bestraft zu werden! Was dir zeigen kann, was dir blüht, wenn du in einer Diktatur leben müsstest, in der die Regierung aus Soziopathen besteht!) …

Ja! … So denkt ein Soziopath! … Er denkt von sich, er wäre ein „Übermensch!" - Die Wirklichkeit sieht allerdings anders aus: Der Soziopath ist nämlich k e i n „Übermensch"! Nein, beileibe nicht: Er ist nicht einmal ein „Mensch"! Und beileibe ist er auch nicht besonders klug oder intelligent! (Bitte auswendig gelernte „Bildung" niemals!!! mit Intelligenz verwechseln! Ein Soziopath kann drei Professorentitel haben, die er sich durch Abschreiben seiner Doktorarbeit erschlichen oder vielleicht sogar selbst studiert hat! Deswegen muss diese Kreatur noch lange nicht „Intelligent" sein! Intelligenz zeigt sich nämlich nicht durch Titel, die sich Narzissten und Soziopathen oft gegenseitig zuschustern, sondern durch Menschlichkeit! Und sie zeigt sich auch bestimmt nicht dadurch, dass man andere Menschen ausbeutet und dabei unsagbar reich wird! Sehr viele dumme Menschen verwechseln das und halten einen reichen Menschen oft für „intelligent"! Aber glaube mir (und ich muss lachen): Es könnte möglich sein, dass es heute noch einen „Reichen" gibt, der auch intelligent ist, aber in der Regel ist das heute nicht mehr so, glaube ich!

Die „Reichen" sind meistens eher empathielos! Denn mit Gefühlskälte kannst du auch gefühlskalte Geschäfte machen und Menschen mit deinen Produkten kaltblütig töten, vergiften, bescheißen, betrügen, belügen und manipulieren! Es ist heute also eher Gefühlskälte, was die „Reichen" reich macht! Und natürlich Dummheit! Denn ein „Reicher" ist in Wirklichkeit nicht reich! Auch wenn du … weil du auch ein Dummer bist und „reich" werden willst … das immer wieder glaubst!)

Aber weiter im Text: Ein Soziopath ist weder ein guter Handwerker noch ein geschickter Künstler! Ja! … In Wirklichkeit kann er ziemlich wenig! Er ist einfach nur ein verlogener Krimineller, der andere Menschen bestiehlt und ihnen sehr weh tut. Das ist alles. Ein Parasit! Ein Blutegel! Ein Wurm! Eine niedere Kreatur ohne Wissen und Gefühl! … Ja … Er ist weder ein „Kommander" noch ein „Führer"! … Er ist einfach nur ein skrupelloser Dieb und eine Drecksau!

Kapitel zwei: Josef, der Diener für die Drecksarbeit!

Und so wurde also Josef von der Frau aufgeputscht und geil gemacht und fing an, der hörige Kompagnon der verlogenen Frau zu werden und ihr absolut zu glauben. Der Plan der Frau ging also auf … und Josef glaubte von nun an alles, was sie sagte! Vor allem glaubte er, dass er dieser Frau irgendwie „helfen" muss, weil sie ja so hilflos ist! … Besser gesagt: Josef tat ab jetzt einfach alles, was die Frau ihm befahl! … Und das tat er natürlich, ohne dass er es merkte! Dass er ein einziges Mal darüber nachgedacht hätte, was er denn mit dem ehrlichen Mann schon alles erlebt hat und dass es aus seiner Erfahrungen heraus eigentlich unmöglich wäre, dass man ein Bild, wie die Frau es von diesem Mann zeichnete, glauben kann, fiel Josef nicht ein.

Genauso wie die Tatsache, dass Josef niemals auf die Idee kam, mit dem ehrlichen Mann zu reden. Er war ja immer schon sehr dumm … aber diesmal war er auch noch blind geworden! … Die Frau hatte ihn mit Lügen und manchmal auch mit ihrer kleinen (dieses Wort wurde vom Autor gelöscht) blind gemacht… Nun, egal! … So horchte also Josef den ehrlichen Mann aus und teilte der verlogenen Frau alle Aussagen und Schritte ihres „Ex" mit. Im nächsten Schritt befahl die Frau folgendes: Josef! Mach dich im Internet unter falschen Namen an meinen Ex - Mann heran und versuche, ihn zu einer Aussage oder Beleidigung gegen mich zu bewegen! Dann haben wir ihn! … Josef machte das und fing im Internet eine Freundschaft mit dem ehrlichen Mann an.

Er gab sich als Frau aus und verführte den ehrlichen Mann dazu, über Dinge zu reden, die er mit der verlogenen Frau erlebt hatte. Natürlich ohne dass der Mann einen Namen oder einen Ort oder sonst was dazu erwähnt hatte. Das waren unschöne Dinge, über die der Mann da Bescheid wusste. Dinge von brutaler Gewalt, von zerstörten Seelen und von Diebstahl und Betrug. Es waren Dinge, die er manchmal sogar miterlebt hatte oder die ihm andere Personen über die Frau erzählt hatten. Und so erzählte der Mann ein bisschen etwas darüber, was er wusste und was ihm mittlerweile verschiedene Zeugen über diese Frau berichtet hatten! Josef trug diese Informationen zu der Frau und wurde nun noch geiler darauf, ihr „helfen" zu müssen, weil er glaubte, dass die Wahrheiten, die er von dem Ex hörte, alles nur Lügen wären, die der ehrliche Mann über sie erzählt! Und die Frau bestärkte ihn natürlich darin und sagte ihm auch, dass das alles nur Lügen über sie wären, die ihr Ex und siebzehn andere da über sie erzählen!

Die Frau gab Josef jetzt noch mehr Feuer! Sie gab ihm dieses Feuer in seinen Kopf hinein und noch mehr in seinen Schwanz! Sie hielt ihm den Mund hin und jedes andere Teil auch und Josef durfte sich nach Herzenslust Vergnügen! So gab es für die ganze Brut kein Halten mehr! … Die Frau wusste nun auch, was ihr „Ex" alles über sie wusste und da wurde ihr klar: Sie musste ihren „Ex", also diesen ehrlichen Mann, sofort unschädlich machen! Sie verstand, dass sie diesem Mann in ihrer gemeinsamen Zeit einfach viel zu viel über sich erzählt hatte und dass ihr das nun wirklich zum Verhängnis werden könnte! Und: Sie musste es tun, bevor er zu viel ausplaudert oder sogar über die seltsamen Fotos sprach, die ein „Freund der Familie" gemacht hat und auf denen man Sachen sehen kann, die wirklich niemand sehen soll! Der ehrliche Mann musste also zum Schweigen gebracht werden! Und zwar sofort und ganz schnell!... Und das tat sie, mit Verlaub, mit äußerster Brutalität und absoluter Kälte:

Drei Tage vor Weihnachten sagte man dem Mann, dass sein Talisman jetzt bei seinem Freund Josef wäre. Josef hätte die Halskette von der Frau abgeholt und sie wäre nun bei ihm. Dort könnte er, der ehrliche Mann, sie nun abholen. Am Abend zuvor bekam der ehrliche Mann aber ein Schreiben aus dem Internet, aus dem klipp und klar ersichtlich war, dass jemand ihn unter falschen Namen angeschrieben hatte und dass er seit geraumer Zeit mit jemand schreibt, der mehrere Accounts hat. Die verschiedenen Accounts waren von dem Mann jetzt einsehbar und einer davon war ihm sehr gut bekannt ... Es war der Account von Josef, seinem besten Freund ... Der Mann war am Boden zerstört.

Josef, sein bester Freund und sein allerletzter Anker, hatte ihn also unter falschen Namen angeschrieben und ausgehorcht! Er sah sich noch einmal alles an und erkannte in der Vorgehensweise bald den Fingerabdruck der Frau! Dass es Josef war, der schon seit Wochen diese Frau im Internet spielte, wurde dem ehrlichen Mann jetzt schauderhaft bewusst! ...Wie seit dem Zusammentreffen mit seiner Soziopathin schon so oft, ging für den Mann jetzt wieder Mal die Welt unter. Denn Josef hatte bereits die komplette Familie des ehrlichen Mannes belogen und umgedreht und ihnen all die Lügen erzählt, die er von der Frau erzählt bekam! Wie gesagt: Die Frau musste ihren „Ex" unschädlich machen, weil der zu viel wusste! ... Das war ihr Ziel!

Jetzt war alles außer Kontrolle geraten und der Mann war, wie gesagt, absolut verzweifelt. Sein letzter Anker ... seine letzten

Weggefährten, der Josef ... und selbst seine Familie! ... Die Frau hatte jetzt alle umgedreht und alles zerstört und mit Lügen versorgt! ... Alle waren nun gegen ihn! Die Frau, ihr dummer Lakai Josef und tausend Lügen hatten ihr teuflisches Werk getan! ... Der Mann sprach jetzt mit Josef. Er rief ihn an und sprach mit seinem alten Freund!

Der Mann hatte unumstößliche Beweise dafür, dass dieser alte Freund sich als ein anderer ausgegeben und sich im Internet als freundlich gesonnene Frau an ihn herangemacht hatte! Und es gab auch Beweise dafür, dass Josef in der Familie des Mannes die schlimmsten Lügen über ihn erzählt hatte! ... Er bat also seinen besten Freund Josef um Ehrlichkeit, die dieser ihm natürlich gewährte. Sein Freund sagte: „Klar können wir reden! Wir kennen uns doch schon seit vielen Jahrzehnten. Ich werde dir alle Fragen absolut ehrlich beantworten!" Doch als der Mann seinen Freund fragte, ob er denn der Mensch sei, der ihm im Internet unter einem anderen Namen geschrieben hatte und ob er der ist, der ihn aushorcht und sein komplettes Umfeld über ihn belügt, da fing Josef an, zu schreien und zu lügen!

Als Josef merkte, dass der Mann unumstößliche Beweise hatte, da fing Josef nicht etwa an, einzulenken und den Frieden anzustreben! ... Nein! ... Er fing an, den Mann aufs erbärm- lichste und aufs dreckigste zu beschimpfen und ihm zu sagen, „Dass es ihm nicht anders gehört, wenn er doch so eine Drecksau sei!" Und als der ehrliche Mann ihm sagte, dass es nur die Lügen der Frau waren, und er sich die andere Seite auch anhören soll ... da hörte Josef schon gar nicht mehr hin! ... Er schimpfte und schimpfte ... bis der ehrliche Mann zu weinen anfing! ... Josef hatte sich total verändert. Er keifte und geiferte und sagte, dass er, der Mann, sich nicht zu denken braucht, dass er jetzt seine Halskette „noch irgendwann mal wiederbekommen würde", wenn er so eine „dreckige Sau" wäre … Und er sagte, dass die Halskette jetzt bei ihm, dem Josef, bleiben wird! … Und er sagte, er wird sie wieder zu der Frau zurück fahren! … und bei ihr könne der Mann dann betteln, bis er schwarz wird!

Der ehrliche Mann legte das Telefon auf und wusste jetzt, dass Josef die Lügen, die er in der Familie des Mannes und seinem letzten Kind erzählt hatte, nie wieder zurücknehmen wird. Seine Familie wird von diesem Tag an all die Lügen glauben und Josef wird wahrscheinlich noch ein paar mehr dazu erfinden. Der Mann wusste: Ab jetzt war alles zerstört. Er war jetzt ganz alleine… Die verlogene Frau hatte nun wirklich alles zerstört, was er hatte … Die Frau nahm ihm sein Geld, sein Leben, seine Seele, seine Liebe, seine Zeit, seinen besten und letzten Freund… und jetzt auch noch seine Familie! …

Man könnte sich nun denken, dass der Mann sich einen Holzprügel kaufte und ein paar rostige Nägel vorne reinsteckte, um die Sache damit endlich zu bereinigen! … Oder das er sich eine Pistole in den Mund steckte und sein Gehirn mit einem gezielten Schuss an die Wand hinter ihm verteilte! … Aber nein, das tat der Mann nicht! Er tat etwas ganz anderes:

Es war nun zwei Tage vor Weihnachten. Sein Eigentum, um das er seit Wochen gekämpft hatte, war für ihn verloren und unerreichbar. Er war ganz alleine und halb tot vor Sorgen! Ihm war absolut bewusst, dass wegen der Lügen der Frau ihm niemand mehr glauben würde und dass man ihm nun, durch das Wirken der verlogenen Frau, wirklich alles genommen hatte, was er jemals besaß! … Da ließ er den Frauen, die ihm das alles angetan haben und natürlich auch Josef, seine letzten und besten und jetzt ehemaligen Freund, folgende Nachricht zukommen: „Es fällt mir nicht leicht. Aber die Halskette gehört nun mal mir. Sie ist mein Eigentum. Wenn ihr es wollt, werde ich vor euch niederknien. Ich werde es für mein totes Kind tun. Sagt mir wann und wo. Ich werde zu jedem Ort, den ihr mir sagt, hinkommen, um mich vor euch zu erniedrigen. Für mein totes Kind. Egal, wie viel Menschen zuschauen. Egal, was ihr mit mir macht. Das tue ich für das Weihnachtsgeschenk meines toten Kindes. Ich sage euch: Es ist kein Problem. Ich werde mich vor allen Anwesenden hinknien und ich werde vor euch um mein Eigentum betteln. Das tue ich für mein totes Kind. Ihr könnt den Triumph über mich ausleben. Ihr könnt mich auslachen und mich beschimpfen oder bespucken. Ich werde alles ertragen. Für mein totes Kind. Nur: Gebt mir das Weihnachtsgeschenk für mein Kind zurück! Darum bitte ich euch! …"

Nun … Die Damen und auch Josef … Sie lachten sich über den Mann die Hucke voll und sie lachten natürlich auch über seine (in ihren Augen) Schwäche, die eigentlich eine Größe war, wie man sie selten findet! Und sie lachten auch über den Frieden, den er geben wollte! … Ja! … Ein Soziopath wird (in seiner absoluten Dummheit) niemals nachgeben oder nachdenken oder den Frieden geben wollen! Er will immer alles zerstören und er will immer den Krieg! Und wenn er einmal etwas gestohlen hat, denkt er, es wäre sein Recht, es zu behalten!

Sie lachten also und tanzten zur Weihnachtszeit voller Geilheit und Gier geifernd und aufgebläht wie drei Kröten, auf dem Grab eines toten Kindes herum, das sich gegen diese (dieses Wort wurde vom Autor gelöscht) nicht wehren konnte! Der Talisman blieb in Josefs Küchenkasten. Ja! … Sie stahlen einem toten Kind das Weihnachtsgeschenk! … Stell dir das mal vor!

Und es vergeht wohl kein Tag, an dem all die, die um diese Geschichte wissen, sich nicht fragen, welch ein eiskaltes „Etwas" man sein muss, um so etwas zu tun? Ein totes Kind am Weihnachtsabend zu bestehlen! ... Pfui Teufel!

Am Heiligen Abend, so um die Mittagszeit, bekam der Mann dann einen sehr unerwarteten Anruf von Josef! Dieser wollte wohl sein Gewissen erleichtern und sich anscheinend vor sich selbst rechtfertigen ... Josef beschimpfte den Mann aufs brutalste und warf ihm Dinge vor, die nur aus dem Munde der Frau stammen konnten und niemals aus seinem eigenen. Josef konnte gar nicht wissen, was er da alles sagte. Der Mann war zerstört. Er konnte wahrlich nicht mehr standhalten und wollte nicht mehr leben. Doch Josef hörte und hörte nicht auf, ihn zu beschimpfen, bis der Mann weinend ins Telefon sprach: „Josef!... Josef! ... Bitte hör auf! Ich kann nicht mehr! Mein totes Kind! ... und weißt du eigentlich was heute für ein Tag ist?... Josef! Heute ist der Heilige Abend und ich bin ganz allein! Niemand ist mehr da! Ich bin ganz allein zu Weihnachten! Und dabei habe ich nie in meinem ganzen Leben auch nur irgendjemandem auch nur das Geringste getan! Außer dass ich die Wahrheit gesagt habe! ... Ich habe immer jedem geholfen und jeden Menschen geliebt und euch allen habe ich vertraut ... Josef! Auch dir! Heute ist ein Tag des Friedens... Wie kannst du nur am Heiligen Abend solche unwahren und boshaften Dinge zu mir sagen und mich so beschimpfen? Du? Der du mich hintergangen hast und mich nur noch anlügst?

Ich wollte hundertmal den Frieden und ihr habt hundertmal den Krieg gewählt! Ich wollte hundertmal den Frieden... und du rufst mich an, um mich zu töten! ... Warum ...?

Nun ... der Mann hat mir erzählt, dass er heute denkt, dass die Frau Josef dazu angestachelt hat, ihn am Heiligen Abend anzurufen. Er sagte, er würde es ihr gut zutrauen ... Wahrscheinlich hat sie mit dem Gedanken gespielt, dass der Mann sich dann doch noch umbringen könnte, wenn ihn jemand am Heiligen Abend so beschimpft ... Das hätte alle ihre Probleme gelöst! ... Aber egal! ...

So passierte es also, dass ein Mann im Regen ganz allein am Weihnachtsabend am Grab seines Sohnes stand und weinte. Er weinte, weil er nicht mehr weiter wusste. Er hatte keine Zukunft mehr. Und er weinte, weil er kein Weihnachtsgeschenk für sein Kind hatte... Weil ein Soziopath aus reiner Bosheit seine Familie, sein Leben und seine Seele zerstört hat... Erniedrigt, bestohlen und in seiner Seele für immer vergewaltigt, fragte er sich, ob denn so etwas noch „Menschen" wären, die so etwas tun ...?

Drei Tage nach Weihnachten warf man ihm die Halskette in den Dreck vor dem Haus, in dem er jetzt wohnte. Für die Soziopathen hatte sie jetzt keinen Wert mehr. Man konnte damit keine Schmerzen mehr auslösen ... Außer diesem einen Schmerz, dass man sie ihm in den Dreck warf ... Dazu legte man ihm noch eine Patronenkugel in den Briefkasten und warf einen Zettel hinterher, auf dem man ihn wieder beschimpfte und sich über seine Bettelei lustig machte! ...

Ein paar Wochen später wird eine Bekannte den Mann in ein Sanatorium bringen. Er wird dort „Urlaub" machen! ... Sein Chef hat ihm das angeraten! ... In Räumen, in denen man das Fenster nicht öffnen kann und in denen die Türklinken nach unten stehen, wird er dann leben... In diesem Sanatorium wird er viel über Ungerechtigkeit und bestialische Grausamkeiten erfahren! Man wird ihm lernen, wie Menschen wirklich sind! … Und man wird ihm lernen, dass das, was er ist: … Nämlich ein guter und wahrer und ehrlicher Mensch, der einen anderen lieben und vertrauen kann, eine sehr gefährliche Sache ist! … Aber nur, weil es da draußen solche (diese sehr intensiven Worte wurde vom Autor gelöscht) gibt! … Er wird entlassen werden, aber niemals geheilt. Der Arzt wird sagen: „Ich kann ihnen zeigen, wie man mit einer vergewaltigten Seele leben kann! „Heilen" kann ich sie nicht! …"

So gehen also Soziopathen und Narzissten vor, wenn du die Wahrheit über sie erzählst! Sie machen dich fertig! Eiskalt und äußerst brutal! „Du" als Mensch hast keine Waffen gegen sie, weil du nicht so bist, wie sie!

Du kannst keinen Menschen ermorden oder ihn bewusst zu Tode quälen! - So wie sie! Du kannst keine Lügen über jemanden verbreiten, weil du sein Geld haben willst oder dessen Leben bewusst zerstören willst! - So wie sie! Du kannst keine dreckigen Fallen stellen und keine abartigen, bösen Intrigen schmieden oder jemanden bewusst verleumden oder bestehlen! - So wie sie! Du kannst weder Kinder noch Erwachsene oder sonst wem vergewaltigen oder missbrauchen! – So wie sie!

Als „Mensch" hast du niemals die Waffen, die „sie" in den Händen haben! Du hast niemals die bestialische Kälte oder die brutale Kaltblütigkeit, die solche Wesen an den Tag legen können, wenn es darum geht, sich zu befriedigen, zu stehlen oder andere zu quälen! Sie arbeiten mit Intrigen und Niedertracht! Mit Lügen und Boshaftigkeit! Mit Mord und Diebstahl! Denn darin sind sie Meister! … Pass also bitte auf dich auf, wenn du von so einer (dieses Wort wurde vom Autor gelöscht) angefallen wirst! Und glaube nach der Trennung von so einer Person niemanden! Sei dir absolut sicher, dass alle die, die dich kennen, schon Tage vor der Trennung von „deinem" Soziopathen mit Lügen und noch mehr Lügen über dich „geimpft" worden sind! …

Komme also der Person zuvor und erzähle die Wahrheit, bevor die Person ihre Lügen über dich verbreiten kann! Versuche, der zu sein, dem man glaubt! Mehr kannst du nicht tun! Versuche am besten, niemals auf so ein (dieses Wort wurde vom Autor gelöscht) herein zu fallen.

Nun: … Der Mann lebt noch. Das Grab des Kindes gibt es auch noch. Die Halskette hängt an einem besonderen Ort und nicht am Grabstein des Kindes. Ein Wissender hat dem Mann erzählt, er sollte die Halskette auf keinen Fall an das Grab hängen, bevor sie nicht „gereinigt" worden ist! Sonst würden die bösen Geister, die in den „Menschen" leben, welche die Halskette in ihrem Bann hatten, einen Zugang zu dem Grab haben, und der, der darin ist, hätte im Jenseits kein gutes Leben mehr!

Der Mann lebt heute absolut einsam und zurückgezogen. Er erzählt immer noch die Wahrheit, die ihm niemand glaubt! Er hat seine Familie verloren, seine Kinder haben sich von ihm abgewendet und er weiß ganz genau, wem er das alles schuldet. Er sagt: Er wartet auf den Tag, an dem ein Arzt zu ihm sagt: „Es tut mir leid… aber sie haben nur noch ein paar Monate zu leben…" Dann wird er wissen, was kommt und er wird auch wissen, was zu tun ist!

Anzumerken sei noch, dass man anhand dieses Fallbeispiels sehr gut sehen kann, wie eine toxische Person oder ein Soziopath alles um sich herum zerstört. Denn auch Josef war nur ein Opfer. Die Frau hat sich Josef eiskalt und absolut hinterhältig ausgesucht, hat ihn manipuliert und hat ihn wie ein Vieh abgerichtet, damit er die Drecksarbeit für sie macht! Sie hätte hundert Möglichkeiten an Personen gehabt, welche dem Mann die Halskette hätten bringen können! ... Freunde und Bekannte der beiden wären allemal besser dafür geeignet gewesen, als Josef, der in der ganzen Geschichte am wenigsten wusste. Und sogar ihre eigenen Kinder, die mit dem Mann selbstverständlich bekannt waren, wären besser geeignet gewesen, als Josef oder jeder andere Außenstehende! ... Aber nein: ... Sie wählte Josef aus! Den zugegeben brunzdummen Josef, der alles mit sich machen lässt und sich für diese schmierige, dreckige und unterwürfige Drecksarbeit hergibt, wie ein Affe, der hüpft, wenn man es ihm sagt! Natürlich ohne zu ahnen, dass die Peron ihm nur den Schwanz lutscht, weil sie einen dreckigen und räudigen Plan verfolgt! Dummer, dummer, Josef! ...

Ja! Sie wählt Josef aus! Den langjährigen und besten Freund des Mannes. Und sie bittet ihn, den Mann zu überwachen und ihn auszuspionieren! Und: Sie machte es so geschickt, dass der Mann es merken musste! ... Merkst du was? Dass die Freundschaft zwischen Josef und dem ehrlichen Mann also in die Brüche ging, war eiskalt geplant und vorprogrammiert! Denn zu guter Letzt wusste die Frau ja auch ganz genau, dass „Josef" zu dieser Zeit wirklich der allerletzte Anker des Manns war und sie wusste auch: In dem Moment, in dem sie Josef eliminieren könnte, hätte der Mann niemanden mehr! Und dann wäre ihr „Ex" vielleicht so verzweifelt, dass er sich umbringt möchte? ...

Dann wären alle Probleme gelöst! … So oder so ähnlich denken Soziopathen, Narzissten und alle anderen toxischen und empathielosen Personen! Und das geht nicht nur in den Familien oder in den Freundschaften so! … Nein! … Auch die große Weltpolitik ist voll von diesem soziopathischen und asozialen Kindergartendenken! Denn genau dieses Verhaltensmuster findest du bei jedem, der die anderen zerstört: Hitler war so einer! Stalin! Und wahrscheinlich noch tausend andere mehr, die in den Geschichtsbüchern dieser Erde verewigt sind. Du siehst also: Es ist wahr, was in den Büchern steht!

Soziopathen zerstören! Sie zerstören immer alles! Sie zerstören ihr Umfeld! Ihren Partner! Ihre Kinder! Ihre Familie! Die Menschen, mit denen sie zusammen sind! Häuser, Anwesen, Firmen! Ganze Länder, Völker und Armeen! … Sie stehlen, rauben und morden, weil sie denken, sie können mit den anderen machen, was sie wollen! Und obwohl sie von sich denken, sie seien die „absoluten Übermenschen", sind sie in Wirklichkeit doch nur die widerlichsten, brutalsten und verabscheuungswürdigsten Kreaturen, die es hier auf diesem Planeten gibt! … Auch du, der du jetzt denkst: „So schlimm ist das doch gar nicht, was ich da mit meinem Nachbarn /Partner/usw. mache!" Oder du denkst: „Das bisschen stehlen und lügen! Das macht doch nichts! Das ist doch ein Kavaliersdelikt!"

Weißt du was, du Drecksau? - Es macht eben schon etwas: Denn genau du! Bist die stinkende Pest der Erde!

Josef´s Gedicht

Eine Kette
Das war sein Geschenk
Für ein totes Kind

Josef ist ein großes Schwein
Und stahl sie ihm geschwind

Der Vater hat ihn angefleht
Doch Josef hat gelacht

Und hat sich mit der Kette
Sein Leben geil gemacht

Er tanzte um den Teufel
Die Muschi in der Hand

Als Josefs Tanz zu Ende war
Bekam er ein neu Gewand

So wurd aus Josef, diesem Schwein
Ein kaltes, rohes Vieh

Der Teufel hat ihn ausgelacht
Und Josef wusst nicht wie

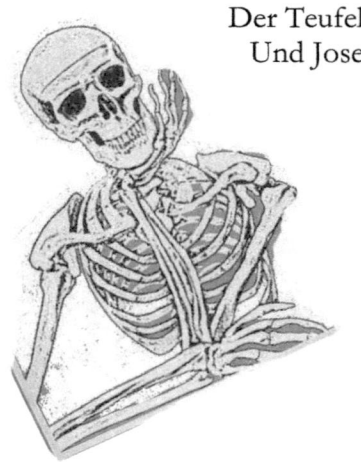

Der Wind geht allzeit über das Land

(Soziopathen und Narzissten wollen immer nur den Krieg!
Sie geben niemals Frieden!)

Der Wind geht allzeit über das Land
Und er sucht nach der Welt, die er gestern noch fand

Die Menschen so gierig, so dumm und gemein
Wie' s gestern noch war, wird' s nie wieder sein

Die Männer sie plärren. Nach Waffen und Krieg!
Die Dummen! So eitel! Und träumen vom Sieg

Die Weiber. Sie schreien. Voll Tränen und Not
Die Söhne zerfetzt. Erschossen und tot

Der Wind geht allzeit über das Land
Und er sucht nach der Welt, die er gestern noch fand

Und er sucht und er sucht
Doch es fällt ihm so schwer

Denn die Welt von gestern
Die gibt es nicht mehr

Die Geschichte von der kleinen Fotze, die nie in die Arbeit gehen wollte

Eine kleine Fotze. Die hatte nicht viel Geld
Sie wollte sich was leisten. In der großen Welt

Da sagte doch die Mama: Du musst in d` Arbeit gehen!
Die Fotze aber dachte: „Mama! … Du wirst schon sehen!"

Sie wollte Fingernägel! Schön und lang nach ihrem Willen.
Zigaretten wollt sie rauchen. Und nachmittags dann chillen.

Da lud sie in die Wohnung fein!
Sich jeden Tag zwei Männer ein!

Doch bald, wegen der Männer. War Trauer im Gesicht.
Die Freier wollten vögeln. Aber zahlen wollten sie nicht

Da lebte sie so weiter. Hat selten mehr gelacht.
Mit vielen, vielen Schulden. Ist in der Wohnung abgekracht

Die Schulden immer mehr. Da gab es keinen Halt
Mama hat geweint. Und die Schulden dann bezahlt

Doch Mamas ganzes Geld. Das war jetzt wegrasiert
Da musste sie mal schauen. Hat neues organisiert

Der Mann! Sein Geld hat sie gesehen
Er zeigte ihr sein Kontoblatt. Da war's um ihn geschehen

Vom Tage an, als Fotze kam. Da musst er zahlen noch und mehr
Die Fotze und die Mama. Die lachten drüber sehr

So nahm die Mutti, ganz, ganz fein, dem Mann sein ganz Vermögen
Sie ließ sich von ihm scheiden. Und ließ ihn dann dort liegen

So hat die Fotz dem Mann genommen, mit der Mummy zamm,
sein ganzes Geld. Der Mann, der Mann. Der ist heut tot
Und die Fotzen … lachen um die Welt.

Das dreckige Gedicht vom dreckigen Dieb

Du hast das Lachen gestohlen
Heut Nacht
So heimlich
Und so schlecht

Du hast das Leben gestohlen
Heut Nacht
So heimlich
Und so schlecht

Und ich hab schon blaue Flecken vom Weinen
Bis ganz tief rein

Du hast die Träume gestohlen
Heut Nacht
So heimlich und so schlecht
So dreckig und so feige. Während ich schlief
Hast du mir alles genommen
Hast mich bestohlen und gabst mir keine Chance

Du hast mir den Weg genommen
Ich kann ihn nie mehr gehen
Und ich habe blaue Flecken vom Weinen
Bis ganz tief rein

Und du hast gelacht
Das werde ich nie vergessen
Du hast gelacht, als er gestorben ist
Das werde ich nie vergessen

In dieser Nacht
In dieser Nacht
Warum bin ich da nicht aufgewacht?

Schmetterling
(Ein Selbstmordgedicht)

Ein Schmetterling. Den trägt ein Wind
Hinauf zu einem Sternenkind

Die Angst besiegt. Im Wunderland
Die Hand am Abzug. Kein Verstand

Ein Druck. Ein Knall. Zerfetzt die Nacht
Kein Schmerz. Kein Licht. Hab´s ausgemacht

Die Angst. So einfach überwunden
Erlösung. Hat man dann gefunden

Im selben Nichts. Im selben Sein
Wie vor dem Leben. Geht man heim

Das Gehen leicht. Es ist kein Schmerz
Man spürt´s nicht mehr. In seinem Herz

Ein Schmetterling. Den trägt ein Wind
Hinauf zu einem Sternenkind

Ein Haus

Ich hätte gern ein Haus
Ach, hätt ich gern ein Haus
Weit draußen

Wo mich keiner findet
Wo mich keiner weiß
Nur für mich allein

Ein Haus
Wo mich keiner findet
Wo mich keiner weiß

Verraten

wirst du nie von deinen Feinden!

Verraten wirst du immer von denen,

die dir immer und immer wieder

gesagt haben …

Sie wären deine Freunde!

Tango l´amour?

Nein! … Es war der Tanz mit dem Teufel!

Nie mehr lieben …

(Psychiatrische Klinik Mainkofen, am 27.08.23)

Der Mann:

„Naja: … Es würde uns viel helfen! … Schreiben sie mir bitte ihren Lebenslauf auf. Schreiben sie alles auf, was ihnen passiert ist. In ihrem ganzen Leben. Ein paar Seiten halt.

Vielleicht haben sie ja heute Abend Zeit? Dann könnten sie das für mich machen? … Erfinden sie aber bitte nichts dazu. Und lassen sie aber auch nichts weg! … Wie gesagt … es würde uns sehr helfen, wenn sie uns ihr Leben aufschreiben."

Am nächsten Morgen brachte der Patient fünfzehn Blatt Papier mit zur Visite. Sie waren beidseitig und sehr eng beschrieben.

Der Mann nahm die Blätter des Patienten, sah sie an und las:

Nie mehr lieben
Nie mehr lieben
Nie mehr lieben
Nie mehr lieben
Nie mehr lieben
Nie mehr lieben
Nie mehr lieben
Nie mehr lieben
Nie mehr lieben
Nie mehr lieben
Nie mehr lieben
Nie mehr lieben

Sieben Seiten lang …

Da nahm der Mann die nächsten sieben Blätter und las:

Nie mehr vertrauen
Nie mehr vertrauen
Nie mehr vertrauen
Nie mehr vertrauen
Nie mehr vertrauen
Nie mehr vertrauen
Nie mehr vertrauen
Nie mehr vertrauen
Nie mehr vertrauen
Nie mehr vertrauen

Sieben Seiten lang…

Alleine auf dem letzten Blatt stand etwas anderes.

Mit der Hand geschrieben … ungefähr in der Mitte des Blattes und verwischt von ein paar Tränen stand da:

Ich habe dich wahrhaftig und ehrlich geliebt.
Und ich wurde nur benutzt und vergewaltigt.

Ich habe dich wahrhaftig und ehrlich geliebt.
Und ich wurde nur betrogen, belogen und bestohlen.

Meine Seele ist zerstört. Ich bin am Ende meines Lebens.
Ich bin ruiniert und ich fühle mich vergewaltigt, betrogen, belogen und erniedrigt.

Nie mehr lieben …
Nie mehr vertrauen …
Nie mehr.

Der Mann sah den Patienten an und schwieg. Dann sagte er: „Sie müssen das überwinden. Sie müssen lernen, wieder zu leben … So ein Triggerpunkt kann eine schlimme Sache sein, aber wir möchten ihnen lernen, damit umzugehen. Wollen sie uns dabei helfen?"

Doch der Patient sagte:

„Ich bin tot. Verstehen sie? Meine Seele und mein Geist sind tot. Ich weiß nicht mehr wohin und ich weiß nicht mehr, wie es weitergehen soll.

Alles, was mich einmal ausgemacht hat, ist tot. Das, was jetzt noch übrig ist, bin nicht mehr ich. Man hat mich umgebracht…

Mein Körper lebt … aber ich lebe nicht mehr in ihm …

Mein Körper lebt … und ich frage mich ständig …

Wozu …?

Der Teufel

Eine Szene zwischen zwei Fragenden – Eine der Personen beginnt das Gespräch:

o Nun ... Sie kennen also den Teufel?

o Ja!

o Der Fragende sieht den Antwortenden eine Weile an...

o Darf ich sie fragen, woher?

o Nun ... Ich habe ihn im Internet kennen gelernt ...

o Aha ...

o Ok, also ... Sie kennen den Teufel aus dem Internet...

o Nun gut ...

o Wo wohnt er denn, der Teufel?

o Im Garten ...

o Im Garten? In welchem Garten?

o Naja, da oben im Garten, auf dem Berg. Da hat er sich ein Haus gebaut. Wenn sie wollen, können wir mal raufgehen. Dann zeig ich´s ihnen. Aber wir können nicht stehen bleiben... der Teufel mag das nicht.

o Er mag es nicht?

o Nein ... Er telefoniert dann mit der Polizei und zeigt uns an...

o Er ... Was? Er zeigt uns an? Der Teufel? Bei der Polizei?

o Ja ... Natürlich! Er zeigt uns an! Die Beamten wissen das doch nicht, dass er der Teufel ist! Er spielt ihnen doch immer was vor! ... So wie er jedem was vorspielt, der Teufel. Und dann glauben sie ihm ... und Zack!

o Zack?

- Ja. Die Polizei macht dann eine Anzeige gegen sie und mich und wir dürfen dann nicht mehr in den Garten gehen …
- Ok …
- Und sie sind sicher, dass das alles ok ist, was sie mir da gerade erzählen?
- Absolut …
- Der Fragende sieht den Antwortenden eine Zeit lang an…
- Schweigen …
- Dann sagt der Fragende:
- Der Teufel wohnt also in einem Garten in seinem Haus und mag es nicht, wenn man hingeht und ihn ansieht?
- Ja. Er mag es nicht, wenn man sieht, wie er wirklich ist. Aber er hat ein großes Fenster und wenn man weiß, wie es geht und am richtigen Punkt steht, dann kann man ihn sehen. Dann kann man ihm zuschauen, wie er abends seine Unterhosen auf den Ständer hängt …
- Unterhosen?
- Ja … (lacht) Da kann man ihm dabei zusehen, wie er seine Wäsche macht … und noch viel mehr. Ich habe ihn mal beim wichsen erwischt …
- Bei was ? … Äh … Sie meinen … der Teufel … äh … er hängt abends seine Unterhosen auf und holt sich dann einen runter?
- Ja … klar …
- Sagen sie mal … Sie erzählen mir hier Schwachsinn, oder?
- Nein …
- Ähm … Ok … Lassen wir das … Ähm …
- Ähm … Wie sieht er denn eigentlich aus, der Teufel?

o Nun ... wie sieh er aus? Er ist nicht sehr hübsch, wenn sie das meinen. Eher das Gegenteil. Aber er hat auch kein so hässliches Teufelsgesicht, wie man das glauben könnte ... Nein... Eher so Durchschnitt... Hm? So wie jeder andere auch... Ja ... Er sieht eigentlich so aus, wie ein ganz normaler Mensch ...

o Was? Er ist also ein Mensch? Wie denn jetzt? Ist er nun der Teufel oder ist er ein Mensch?

o Er ist der Teufel! Unumstößlich! Und wenn sie schon einmal mit ihm zu tun hatten, dann wissen sie das! Das Brandmal seiner Fotze tragen sie dann ewig auf ihrem Leib! Leider erkennen sie ihn nicht! Niemand erkennt ihn! Er versteckt sich hinter der Gestalt und dem Gesicht eines ganz normalen Menschen. So sieht er nämlich aus, der Teufel. Wie ein ganz normaler Mensch.

o Er ist charmant, redegewandt, intelligent, weltmännisch ... einfach alles, was sie haben wollen. Und wenn „er" sie haben will ... dann gehören sie ihm! Dagegen können sie nichts machen. Er wickelt sie ein. Gibt ihnen die perversesten und erotischsten Abenteuer und Phantasien und redet mit ihnen über Philosophie, Geschichte und Kunst ... Je nachdem, was sie haben wollen. Dabei ist er nichts anderes als eine gierige, blutrünstige Bestie, die dich ficken, ausbeuten und knechten will ...

o Weil das ist nämlich sein großes Talent: Wenn der Teufel ihnen jetzt gegenüber sitzen würde und sich in ein total hässliches, altes, kleines Menschlein verwandelt ... und wenn „er" es will ... Dann verlieben sie sich trotzdem innerhalb von drei Minuten absolut und unsterblich in ihn... Ja... Das ist sein Talent. Das kann er! Er kann Menschen manipulieren, ihnen das Gehirn aus dem Kopf scheißen, sie mit seinem Charme einwickeln und ihnen die wahnsinnigsten Dinge in den Kopf hinein suggerieren ...

o Ich … äh … was? Verlieben? In den Teufel? Hören sie mal! Ich bin glücklich verheiratet!

o Das spielt überhaupt keine Rolle! Der Teufel kann sie „in ihn" verliebt machen, wie und wann er will! Wenn „er" es will, dann vergessen sie ihre Familie und sie vergessen ihre glückliche Ehe und sie vergessen alles, was sie haben. Dann gehören sie einfach nur „ihm"!

o Der Fragende sieht den Antwortenden mit großen Augen an …

o Schweigen

o Dann:

o Der Teufel ist also eine Bestie in Menschengestalt, die auf einem Berg wohnt und er ist charmant, redegewandt und lügt der Polizei was vor? Und er kann jeden Menschen in sich „verliebt" machen und mit diesem Menschen dann tun, was er will?

o Ganz genau! Sie haben es kapiert … Glückwunsch …

o Ok … Wie alt ist er denn, der Teufel?

o Ja, das ist auch sehr schwer zu sagen … Wir waren manchmal 12 oder 33. Manchmal 21 oder erst 7. Das kann man sehr schlecht sagen. Ich glaube, der Teufel hat kein Alter…

o Wir? … Sie sagen … „Wir"?

o Ja, klar. Ich war doch in ihn verliebt! Und wie!

o Sie waren also mit dem Teufel zusammen?

o Ja, natürlich! Und wie! … Wir waren zusammen!

o Schweigen …

o Dann:

o Ja! Glauben sie´s nur! Wir haben zusammen getanzt! Einen Tango in der Kneipe! Beim Otto! Im Glory Days!

o Einen Tango?

o Ja! Einen echten Tango! Ich bin überhaupt kein Tänzer und ich kann nicht tanzen! Aber mit ihm konnte ich alles! Und es stimmt schon! Wenn du mit ihm zusammen bist, dann bleibst du ewig jung und kannst plötzlich Dinge tun, die dir vorher unmöglich waren!… Du kannst alles erreichen! Wenn du dich ihm nur hingibst und dich mit ihm verschwörst!

o Ach ja … der Tango! … Wir waren doch in dieser Kneipe! Da haben wir doch Geburtstag gefeiert! Alle waren sie da und haben mitgefeiert. Doch irgendwann kam diese Musik und ich habe den Teufel zum Tanz aufgefordert … Warum, weiß ich nicht mehr. Er willigte ein und wir haben einen Tango getanzt, der so erotisch und so gelungen war, wie selten ein Tanz diese Gefühle ausdrücken kann! Der Boden war spiegelglatt und er hat gezittert, geglüht und er war tausend Grad heiß! Aber wir brauchten ihn nicht! Wir sind geschwebt! Über den Boden! Ja!… Und die Musik kam aus tausend Orchestern und doch nur aus einem. Wir bewegten uns so erotisch, wissen sie … die Luft hat vor Erotik nur so geknistert. Ja! … Das konnte er, der Teufel. So eine Stimmung herzaubern! … Das konnte er! Und wissen sie, was das Beste war? Es war Magie, denn wir waren während des ganzen Tanzes absolut alleine … Sie waren alle da und sie haben alle in unsere Richtung gesehen. Aber gesehen, was wir getan haben und wie wir tanzten, das haben sie nicht. Diesen gierigen Tanz … diese Erotik … dieses Knistern und Schweben … seine gierigen Blicke zwischen meine Beine… naja, sie wissen schon … Das haben nur wir beide mitbekommen. Der Teufel und ich …

o Einen Tango? Interessant!

- Und hinterher waren wir dann im Nebenraum und haben gevögelt! Stellen sie sich das mal vor! Draußen saßen alle unsere Gäste und eine Tür weiter haben wir gefickt!

- Aha ... sie haben also ... gefickt? Äh ... okay ... Sie waren also mit ihm „zusammen"? Und wie muss man sich denn das vorstellen?

- Waren sie da in der Hölle? Oder auf dem Berg? Oder wo?

- Oder wie ist denn das so, wenn man mit dem Teufel zusammen ist? Können sie da mal ein paar Tagesabläufe erzählen?

- Nun ... sie fragen, wie das ist? Also ... Als erstes muss ich sagen, dass man das selbst gar nicht so richtig mitbekommt. Erst viel, viel später, wenn sie seine Attacken überlebt haben und lange Zeit von ihm getrennt sind, dann wird ihnen klar, dass sie diese wirklich schlimme Zeit wie durch einen Schleier erlebt haben. Ja ... der Teufel „verschleiert" ihre Gedanken und ihre Sinne und „sie" tun alles, was er sagt. Sie sind wie eine Marionette. Wenn sie einmal nicht tun, was er sagt, dann gibt es Methoden, dass sie es doch tun: Er benutzt zum Beispiel die Lüge oder deine Gier ...

- „Meine" Gier?

- Ja ... ihre Sehnsucht nach Sex zum Beispiel. Und glauben sie mir ... jeder hat diese Gier. Er suggeriert ihnen, dass er ihr bester Freund ist und dass er das, was sie sich sexuell erträumen, für sie machen wird, aber nur, weil er ihr bester Freund ist, usw...

- Dabei ist eigentlich „er" es, der ihnen diese perversen Sex - Gedanken in den Kopf pflanzt, weil „er" sie selbst erleben will ... Verstehen sie? ... Sie denken, „er" wäre ihr bester Freund und würde alles für „sie" tun ... dabei ist es genau umgekehrt: „Sie" tun alles für ihn! ... Und merken dabei gar nicht, dass alles, was sie tun, nur dazu dient, „ihn" zu befriedigen! Sie hüpfen mit Sexspielzeugen rum, tragen irgendwelche Latexsachen, die „er" ihnen geschenkt hat und machen alles, was „er" will … und was „sie" eigentlich nicht wollen…

o   Aha … ok… und der Tagesablauf?

o   Nun … der Tagesablauf… der war oft so: Am Morgen sind wir aufgewacht und der Teufel …

o   Der Fragende unterbricht - Entschuldigung: Aufgewacht? Im Bett? Oder wie muss man sich das vorstellen?

o   Ja, klar im Bett. Wie ein ganz normales Liebespaar. Der Teufel legt ja Wert darauf, dass man ständig „verliebt" ist und er erzählt das ja auch überall herum! … Also: Man wacht auf und der Teufel verlangt nach Sex. Er nannte das immer: „Nur ein bisschen was spüren, damit der Tag besser anfängt!" Dann wollte er ganz leicht ficken. Nach dem Ficken geht der Teufel ins Bad und dich hat er dazu abgerichtet, ihm ein geiles Frühstück zu bereiten. Wenn er aus dem Bad kommt, wird gefrühstückt. Bei diesem Frühstück bekommst du dann deine Befehle und deine Order! Dann sagt er dir, was du zu tun hast. Also den Tagesablauf. Er, der „Kommander" legt ihn immer fest. Du hast keine Chance, diesen Ablauf zu ändern! … Er will dann Sex oder du musst für ihn etwas erledigen… oder er braucht das und das, oder du musst für seine Kinder was einkaufen oder was machen oder reparieren. Zum selbst Denken kommst du nicht! Weil der Teufel das nicht zulässt! Auch, weil er dich nie alleine lässt! Bei allem, was du tust, ist er dabei und passt auf dich auf! So kann es nie passieren, dass du jemanden triffst, der den Teufel kennt und der den Teufel nicht mag und der dir sagen könnte, dass „er" der Teufel ist! Du kannst nie mit jemanden reden, der dich warnen könnte! Da passt der Teufel schon auf! Du selbst weißt es ja nicht, dass „er" der Teufel ist! Er schirmt dich ab! Von allen und von jedem! Außer von den Leuten, die so sind, wie er. Mit denen … und nur mit denen … darfst du dann verkehren. Mit seinen „Helfern und Gehilfen" zum Beispiel. Diese loben den Teufel und heben ihn zu einem ganz besonderen „Menschen" heraus! … Und das machen die, bis du das auch denkst…

o Ja … „du" denkst ja immer noch, der Typ neben dir wäre ein „Mensch"! Denn so verkleidet er sich doch, der Teufel! Also … als „Mensch!" …

o Ok … Sie gehen also mit dem Teufel Besorgungen machen? Aber … sind sie sicher, dass sie sich nicht irren? Sie sind sicher, dass sie mit dem Teufel…?

o Ja, ja! Ich bin absolut sicher! Mit dem leibhaftigen Teufel! Denn wissen sie: Wenn sie mit dem Teufel zusammen sind, dann ist nichts mehr für sie da! Alles, was sie tun und arbeiten, jede Minute ihres Lebens, alles, was sie machen, ist ausschließlich nur noch für „ihn" da! Aber das merken sie ja gar nicht… Und das ist der Unterschied zwischen einer Beziehung, wie sie sie haben und einer Beziehung, die einer hat, der mit dem Teufel zusammen ist! In so einer Beziehung, wie bei ihnen: Naja! … Sie teilen doch alles miteinander und helfen sich immer gegenseitig, oder?

o Äh, ja … das machen wir … meine Frau und ich … wir teilen alles und wir helfen uns gegenseitig! … Klar!

o Sehen sie? Der Teufel hilft dir nie! „Er" suggeriert dir zwar, dass er dein Freund ist und dass „er" dir hilft! … Aber im Grunde genommen bekommst du nichts von ihm! Nein. Nichts! … Das lügt er dir nur vor: Er nimmt nur! Er nimmt und nimmt und nimmt und nimmt! … Er nimmt dir deine Kraft, deine Seele, deine Umwelt, deine Freunde, deine Lebenszeit und vor allem: Dein Geld! Dann fickt er dich jeden Tag noch so richtig durch und befriedigt sich an dir und an deinem Geschlechtsteil! Er nimmt dir einfach alles! Er „saugt" dich aus wie ein dreckiger Blutegel!

o Bis sie leer sind?

o Ja… Dann fickt er dich nochmal so richtig durch, bis du Blut kotzt … und dann wirft dich weg!

o Und wissen sie was? Heute, wenn ich so darüber nachdenke… dann muss ich sagen: Damals glaubte ich, der Teufel würde alles für mich tun! Aber heute ist mir klar: In der ganzen Zeit, in der ich ihn kannte und in der er mir fast jeden Tag gesagt hat, er würde alles für mich tun, weil er mich so liebt … Da hat er niemals auch nur den kleinsten Finger für mich gerührt! Niemals! Ich hab alles für ihn getan. Alles für ihn gemacht! Aber er tat nie etwas für mich!… Komisch, gell? Dabei glaubte ich damals, dass er mich liebt. Aber das war nur so eine Lüge von ihm… gell? Die hat er mir mein Gehirn hinein geschissen! Wie alles andere auch! Das mit meinem Geld und das mit meinem Haus und dass er ein Auto braucht und dass er das und das und das braucht! Und dass ich es „für uns beide" kaufen und bezahlen muss! Diese dreckige und verlogene Sau! Dieser Teufel! Jeden Tag! Und jeden Tag wieder …

o Der Fragende sieht den Antwortenden lange an …

o Schweigen

o Dann:

o In ein Gehirn scheißen?

o Ja! … Oder sagen wir besser: In ein Gehirn hinein lügen. Denn damals glaubte ich natürlich an ihn und an das, was „er" mir gesagt hat! Äh … Verzeihung: Was „er" mir vorgelogen hat!

o Und was hat er gesagt? Äh … „gelogen"?

o   Naja. Das er soooooo viel für mich tun würde! Das hat er halt immer wieder zu mir gesagt! Und das er mich soooooo sehr lieben würde! … Auch das hat er gesagt! Und zwar jeden Tag ein paar Mal! … Hat er das gesagt …

o   Aha! … Manipulation also!? Gaslighting!? Aber er hat nie etwas für sie getan? Oder?

o   Nein! Niemals! Die ganze Zeit nicht! Niemals! Aber ich hatte immer das Gefühl, das er sehr viel für mich tut und dass wir zusammengehören und ich äh … ihn …äh … brauche! Wissen sie …

o   Der Teufel, seine Kinder und sein Höllen - Gefolge: … Sie nehmen immer nur! Die geben nie etwas zurück! Sie nehmen und nehmen und nehmen! … Und hauptsächlich stehlen sie! Diese ganze, dreckige Brut! – Das sind alles verlogene, stehlende Säue! Und wissen sie was? … Ich sag´s ihnen: Der Teufel erinnert mich genau an diese Leute! An diese S#S Leute, wo im KZ herumgelaufen sind und einfach Menschen erschossen haben! Einfach so! „Hey du! Komm her!“ Und dann: „Peng!“ Kopfschuss! Und das Gehirn spritzt drei Meter weit und der mit der Pistole lacht wie eine besessene Sau und pisst sich voll! Daran erinnert mich der Teufel, wenn ich so an ihn denke! Weil die glauben, etwas „Besseres“ zu sein! Und die glauben auch, dass sie das dürfen! Und ganz genau   D A S   ist der Charakter vom Teufel! Genauso ist er! Ganz, ganz, ganz genau so! So eine (dieses Wort wurde vom Autor gelöscht)! Der läuft nur rum und tut so, als ob er mit jedem machen darf, was er will!

o   Ok …

o   Er hat sie also angelogen und abgezockt?

o   Ja. Ständig …

o Was hat er ihnen denn so vorgelogen? Über was haben sie denn so gesprochen? Oder ... Sagen wir mal so: Über was spricht man mit dem Teufel?

o Na ja ... über was? Über seine ungeratenen Kinder zum Beispiel. Da hat er oft geschimpft! Oh Mann! Das eine Kind ist viel zu faul. Das andere viel zu dumm! ... Hat er immer gesagt... Ein Schlappschwanz, wie sein Vater, hat er immer gesagt... Wer soll da mal sein Nachfolger werden? Und dann haben wir ja auch noch über die ganze Welt gesprochen. Und er sagte, dass die Hälfte der Menschen nur unnütze „Fresser" seien und dass man sie alle vergasen... oh, oh ... äh ... lassen wir das lieber... Naja... das waren halt so Teufelssprüche ...

o Und über was haben sie dann noch gesprochen?

o Ach ja... Hauptsächlich und fast immer über ihn und über seine Sachen. Ganz oft über seine Familie und über das, was er ihnen alles schon angetan hatte und über das, was „er" alles noch machen muss und was „er" alles will und was „er" alles braucht. Und dann? Ach ja ... Über seine Nachbarin. Die lacht er immer aus, weil sie ... Wie sagte er? - So ein Idiot ist und sogar den Rasen mäht, wenn gar keiner da ist!

o Er sagte immer: „Die mäht sogar noch den Dreck unter der Wiese raus, diese dumme Gans!" Und beim Schneeschippen hat er immer aus dem Fenster geschaut und so lange gewartet, bis die Nachbarin alles erledigt hatte und ist erst dann hinaus-gegangen ... aber nur, um mit den anderen Nachbarn zu reden und nicht, um zu helfen ... Ich hab den Teufel eigentlich nie arbeiten sehen ... In der Zwischenzeit haben wir ein bisschen gefickt. Der Teufel wollte das so. Er hat dabei aus dem Fenster geschaut und genossen, dass „er" ficken kann, während die da draußen arbeiten ... Glauben sie mir, wir haben Tränen gelacht über die Arme. Sie hat dann oft was zum Essen gebracht und ich musste das dann immer mit dem Auto wegfahren und in fremde Mülltonnen werfen, weil es ungenießbar war, sagte der Teufel! Also … Ich bekam halt meine Befehle! … So was haben wir da geredet. So was wie: Was ich heute für den Teufel kochen soll? … Oder was ich einkaufen muss, usw. - Oder über unsere Heirat! … Ja, auch darüber haben wir gesprochen. Oder über die Reisen und mein Geld … und was weiß ich noch alles.

o Heirat?

o Ja, klar! Das war doch immer sein „Traum"! … Dass wir heiraten! …

o Wie bitte? Des Teufels Traum war eine Heirat mit ihnen? Ich dachte, er hat sie behandelt wie einen Sklaven? Oder hat er sie dann doch geliebt und wollte sie heiraten? Oder was denn jetzt?

o Nein, nein … Nein! … Äh, nein! … Der wollte das nie! Das mit der Heirat! Das weiß ich heute auch! Aber er hat es mir jeden Tag in den Kopf geredet, damit ich für ihn gefügig werde und alles für ihn mache! Naja, sie wissen schon: Ich musste ihn doch jeden Tag befriedigen und für ihn arbeiten, usw…

o Er hat ihnen also die Heirat versprochen, um sie gefügig zu machen? Was hat er denn da so gesagt?

o Naja. Er hat halt Pläne gemacht. Es sollte ja auch keine offizielle Heirat vor Gott werden, oder so. Das geht ja natürlich nicht, weil die zwei sich wahrscheinlich sehr gut kennen, oder? … Er hat mir immer und immer wieder erzählt, dass er mich in einer „freien Trauung" an einem schönen sonnigen Tag am Strand unter einem weißen Baldachin heiraten will. Dazu sollte dann eine bestimmte Musik spielen und alle seine Kinder und seine Lakaien und seine Untergebenen wären natürlich auch da! ... Die ganze verlogene Teufelsbrut also! ...

o Aha ... Und? ... Ist das wahr? Oder phantasieren sie das jetzt?

o Ja, klar! Das ist wahr! Fragen sie ihn doch! So hat er mir das immer erzählt! Jeden Tag! Und ich habe ihm doch deswegen immer so sehr vertraut! Wir sind ja sogar ein paar Mal ans Meer gefahren! Um den Strand zu finden!

o Ok!? ... Und? ... Haben sie ihn gefunden?

o Ja, klar ... Wir haben geschaut und geschaut und viele Reisen gemacht ... Aber nichts hat ihm gefallen. Bis wir einen glühend heißen Strand aus Lavasteinen sahen. Der war schwarz wie die Nacht... Kein Baum. Kein Strauch. Kein Leben! ... Nichts! Und genau da wollte er den Baldachin hin haben!

o Wie? Sie haben ihn geheiratet?

o Sorry ... Nein. Das haben sie jetzt falsch verstanden. Wir haben nur den Strand gefunden. Geheiratet haben wir natürlich nie.

o Der Fragende sieht den Antwortenden an ...

o Schweigen

o Dann:

o Sagen sie mal? Wo ist der Teufel denn heute?

o Ähm ... In seinem Haus? ... Denk ich mal?

o Sie meinen das Haus im Garten?

o Ja! Könnte doch sein, oder? ... Ich weiß es nicht ...

o In seinem Haus? Dort kann man ihn also finden?

o Ja ... Ich glaube schon, oder?! Wenn sie das wollen? Ich bring sie gerne mal hin?! ...

o   Äh … nein … danke. Ich denke … äh … dann lieber doch nicht!

o   Okay … dann eben nicht …

o   Sie sagten vorhin, dass er sie „nochmal gefickt" und sie dann weggeworfen hat, bis sie „Blut" kotzen mussten, oder so? Was bedeutet das?

o   Nun. Das war so … wie soll ich sagen? Naja … Er hatte alles aus mir rausgeholt, was man rausholen konnte. Ich war leer. Er hatte mir alle meine Kraft, meine Gedanken, mein Geld und meine Zeit gestohlen. Nur meinen Sex konnte ich ihm noch geben. Und den hat er sich dann genommen! Heute weiß ich, dass er alles geplant hatte. Es kam eine Nacht, in der er nicht mehr aufhören wollte. Er wollte immer und immer wieder ficken: Auf dem Tisch, wo gerade noch die Kinder zu Abend gegessen hatten! Im Flur, im Bett, im Stehen, am Fenster! … Alles! … Am nächsten Morgen hat er dann die Türe aufgemacht, mich hinausgestoßen, mir den Autoschlüssel nachgeworfen und mich dann angeschrien, ich soll jetzt abhauen!

o   Oha! Hinausgeworfen? Aus welchem Grund?

o   Es gab keinen Grund! Bis heute hat er mir keinen Grund gesagt und ich kann mir auch keinen vorstellen. Ich war bis zuletzt sein absolut ehrlicher und aufrichtiger Freund! Ich habe es hundert Mal versucht und ihn danach gefragt. Aber er hat immer alles abgeblockt und mich nur ausgelacht und er hat nie ein Wort dazu gesagt … bis heute nicht.

o   Aha …

o   Er warf sie also grundlos hinaus, obwohl sie vorher noch von Heirat gesprochen und eine ganze Nacht durchgef … äh… durchgefickt haben?

o   Ja, ja … So war das! …

o Nach all der Zeit und all dem, was sie zusammen erlebt hatten? Und vor allem: Nach all dem, was „sie" für ihn gearbeitet, getan und gefühlt haben? Er musste doch wissen, wie tief sie für ihn fühlen? Er musste doch wissen, wie aufrichtig und ehrlich sie ihn geliebt haben? Und er musste doch auch wissen, wie tief er sie verletzen würde, wenn er das mit ihnen so macht, wie er es gemacht hat? Auf diese brutale Art und Weise …

o Und da hat er sie trotzdem so einfach und ohne Vorwarnung und ohne ihnen jemals auch nur die geringste Erklärung zu geben, totgefickt, abserviert und hinausgeschmissen? Der hat sie doch kaltblütig ermordet, mit dem, was er da getan hat! … Was haben sie da gedacht?

o Hmmm? … Das Geld! … Sie haben das Geld vergessen! … Nicht nur die ganze Arbeit und die Zeit! … Nein! Da war auch sehr, sehr viel Geld im Spiel, das mir gehörte! … Es war mein Geld! … Meins! … Und der Teufel hat es mir gestohlen! Einfach so! Eiskalt gestohlen! Naja… was habe ich dabei gedacht? Sie kennen ja meine Geschichte? … Oder?

o Sie meinen die Geschichte, wie man sie gefunden hat?

o Ja …

o Sie meinen, in diesem Raum? Mit den ganzen blauen Flecken und so?

o Naja … es ist mir peinlich …

o Die blauen Flecke?

o Alles. Ich hätte das nicht machen sollen …

o Nun … Das mit den blauen Flecken? Nun … da kann ich sie beruhigen. Nicht „sie" haben das gemacht, sondern ihr Unterbewusstsein mit ihnen. Man nennt das „Hochgradige posttraumatische Belastungsstörung".

- Ja, ich weiß …

- Wenn ich schnell erklären darf?

- Ja. Bitte …

- Nun … sie können sich noch erinnern? Als sie ein Kind waren? Wenn sie weinen mussten? Da hat doch ihre Kinnlade manchmal so komisch gezittert, stimmt's?

- Ja … ich glaub schon, ja …

- Genau das macht das Unterbewusstsein mit ihnen. Solche Bewegungen können sie nicht steuern. Die passieren, wenn sie intensiv und traumatisch belastet werden.

- Ein Bombenangriff zum Beispiel oder stundenlange Todesangst kann so etwas auslösen … Dann wehrt sich der Körper mit undefinierbaren Abläufen, wie zum Beispiel Bewegungen, die er ausführt. Sie selbst können diese Bewegungen nur sehr schwer steuern. Es gibt Menschen, die schreien. Andere laufen weg und wieder andere schlagen wild um sich … Ich denke mal, sie sind einer von denen, die sich verkrampfen! Ihrer „verletzten Seele" war es also absolut egal, woran sie sich die Knochen stoßen. Sie haben eine posttraumatische Belastungsstörung im größeren Ausmaß erlebt, geweint und geschrien und sie haben Bewegungen gemacht, die sie nicht kontrollieren konnten. Dabei haben sie an feste Gegenstände geschlagen und daher kamen auch die blauen Flecke! … Können sie sich daran erinnern? Blaue Flecke vom Weinen? Lagen sie am Boden?

- Naja … Erinnern? … Ein bisschen … Ich lag am Boden und hab nur noch gezittert und gezittert und gezittert und geweint und geweint. Ich weiß nicht, wie lange das war? Verstehen sie? Nur geheult und geschrien und gezittert. Manchmal hab ich gezuckt, glaube ich. Tagelang. Irgendwie hat sich alles gestreckt und verkrampft. Alles war im Weg.

Tischbeine, Stühle. Alles. Ich weiß es nicht. Aber es tat nicht weh. Ich spürte keinen Schmerz und alles war ... Wie ein Traum... Verstehen sie? Ich stand neben mir und konnte mir zusehen ... einfach so. Tagelang. Stundenlang. Ich weiß nicht, wie lang. Ich sah von außen, was mein Körper macht, aber ich selbst war in mir drin und regungslos und starr und mein Körper war genau das Gegenteil. Er zuckte und verkrampfte sich. Ein paar Tage später haben sie mich dann gefunden. Ich weiß es nicht. Oder waren es nur Stunden? Wochen? Keine Ahnung ... Angeblich hatte ich fast zwanzig Kilo abgenommen ... Und ich hatte überall diese ... blauen Flecke... Diese blauen Flecke vom Weinen ...

o Ja ... ich sehe gerade die Bilder ...

o Mann oh Mann! ... Ein Häufchen Elend waren sie! ...

o Haben sie einen Suizid verübt? Einen Versuch? Sie wissen, was ein Suizid ist?

o Ja. Aber ich möchte nicht darüber reden. Ich hab's euch doch in meinen Lebenslauf geschrieben ... das muss doch bitte reichen ...

o Ja. Gut. Entschuldigen sie ... ich sehe schon: Nicht nur einmal! ... Puh! ...

o Nun gut ... Dann würde ich sagen ... beenden wir die heutige Sitzung, oder?

o Wenn sie das möchten ... ?

o Ja! Wir hören hier auf! Ich werde das Material auswerten und dann kommen sie morgen wieder zu mir ... Wieviel Uhr?

o Ich glaube Nachmittag. Vorher sind noch die An-wendungen dran ...

o Ok ...

o Äh … Eines noch … darf ich sie fragen? Wissen sie … ich habe eine Weile überlegt, ob ich ihnen diese Frage stellen werde. Also … wie soll ich sagen …? Aber ich denke, sie sind nun stabil genug und ich möchte es gerne wissen…

o Sagen sie mal … den Teufel? … Sie haben den Teufel geliebt, oder? … Es war ihre wirkliche und wahre und ehrliche und ihre große Liebe? … Stimmt's? Sie können das! Das traue ich ihnen zu, dass sie das können! … Dass sie absolut ehrlich und selbstlos lieben können!? … Ja!?

o Langes Schweigen… Dem Befragten laufen die Tränen aus den Augen. Er ist bedrückt und deprimiert.

o Dann:

o Nun, ja … Sagen wir mal so: Ich wäre für ihn durchs Feuer gegangen oder jederzeit für ihn gestorben! … Jederzeit! … Ohne mit der Wimper zu zucken! Das müssen sie mir glauben … Wenn es „ihn" hätte retten können, hätte ich mein Leben für ihn gegeben! So sehr habe ich ihn geliebt! So wahrhaftig und so ehrlich und so voll der Liebe … Paradox, nicht wahr?

o Ich sagte immer wieder zu ihm: „Hör mir zu: Du darfst dich alles trauen, was du dich in deinem Leben trauen willst: Du kannst niemals fallen! Wenn du jemals fällst, dann fange ich dich auf! Und wenn ich dich nicht fangen kann … dann falle ich mit dir! …

o Ok … Nun … Weil… Wenn ich die Berichte so lese, was dann mit ihnen passiert ist … Da fragt man sich dann schon: Wie konnte er ihnen das nur antun? Der musste doch ganz klar wissen, wie sehr sie ihn geliebt haben? Wie kann man jemand nur so sehr wehtun, wenn man weiß, wie sehr der andere liebt? Das ist unglaublich! So brutal und egoistisch! Und wie kann man nur so eine große Liebe einfach so wegwerfen? … Wegen Geld?…

o Die Fragenden schweigen und sehen sich lange an… Eine
  Antwort gibt es nicht.

DAS ENNEAGRAMM

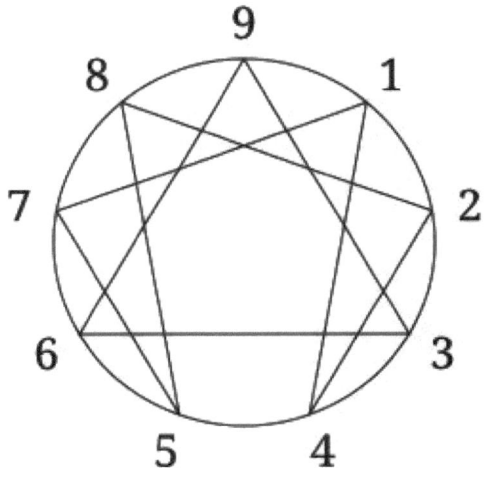

1 – Perfektionist

2 - Geber, der Helfende

3 - Macher, Dynamiker

4 - Romantiker, Individualist, Poet

5 - Beobachter, Denker

6 - Skeptiker

7 - Genießer, Optimist

8 - Tyrann, Machtmensch

9 – Vermittler

DER SOZIOPATH
(Ein Gastbeitrag von HHB)

Wikipedia:

Die Soziopathie wird durch drei wesentliche Merkmale charakterisiert:

o Beeinträchtigung im zwischenmenschlichen Bereich (manipulieren, betrügen);
o Probleme im affektiven Bereich (Empathiemangel, Rücksichtslosigkeit, verflachter Affekt, Mangel an Schuld und Reue);
o Impulsivität und antisoziales Verhalten (kriminell, andere ausnutzen, Verantwortungslosigkeit)

Aus den Seiten: Karriere Bibel / Der Soziopath Merkmale eines Soziopathen:

o Gefühlskälte und Gewissenlosigkeit
o Herrschsucht und Manipulation
o Hohe kriminelle Energie
o Promiskuitives Sexualleben
o Krankhaftes Lügen
o Parasitärer Lebensstil

Die nachfolgenden Informationen hat der Autor aus verschiedenen Medien erfahren oder sich von Opfern erzählen lassen. Die nachfolgenden Zeilen dienen nur zur Aufklärung und sollen dich, den Leser, davor schützen, das Opfer eines Narzissten oder eines Soziopathen zu werden. Denn wenn du das wirst, könnte es sein, dass du es nicht überlebst…

Nachfolgend wird der: „Zahle nie mit deinem eigenen Geld, wenn du ein Soziopath bist - Trick" und der: „Überweise mir doch bitte dein komplettes Vermögen auf mein Konto und mach noch dazu Schulden, damit es „mir" richtig gut geht – Trick" beschrieben. Darin geht es um Narzissten, Soziopathen und Psychopathen, die andere Mitmenschen missbrauchen, sie mit Freundschafts - Geschäfts - Liebes – oder Heirats - versprechen belügen und betrügen, um ihnen das Geld zu stehlen!

Kapitel eins – Der Soziopath und warum du ihn nicht erkennst:

Nun… Warum überweist man, ohne dass man etwas Schriftliches in der Hand hat, sein komplettes Vermögen auf das Konto eines Soziopathen und macht noch dazu Schulden für ihn?

Na?

Ganz einfach:

Weil man ihn liebt…

Ja… Das glaubt man jedenfalls… Und genau das hat der Soziopath mit dir gemacht. Er hat dir mit seinen Manipulations - Künsten gelernt, dass du ihn „liebst". Und er trainiert dich darauf, nicht „NEIN" sagen zu können. Vor allem dann, wenn „er" etwas von dir haben will… Jeder weiß, wie schwer es ist, „nein" zu sagen, wenn dein Chef oder dein geliebter Ehepartner oder dein geliebtes Kind etwas von dir haben will und dich um etwas anfleht! … „Nein" sagen muss man lernen! Wenn dein geliebter Partner dich um etwas bittet, wird wohl keiner von

euch, der seinen Partner wirklich und wahrhaftig liebt… „nein"
sagen… sondern er wird ihm diesen Wunsch sofort erfüllen.

Wenn die Wünsche von deinem „Partner" dann auch noch
unter einem Deckmantel wie: „Das ist doch für uns beide!"
oder: „Das gehört doch für unsere gemeinsame Zukunft und
wir sind doch Freunde fürs Leben und ich liebe dich doch so
und wir werden bald heiraten!" Oder: „Ich kann das! Glaub mir!
Gib mir mal deine Bankvollmacht, dann legen wir dein Geld so
an, dass am Ende wirklich was dabei raus kommt. Vertrau mir.
Das ist doch mein Job, ich kann das!"… ausgesprochen werden,
dann hat ein Mensch wie du, der Gefühle hat und wirklich liebt
und ganz ehrlich seinem Partner vertraut, keinerlei Chancen
mehr! Dann schnappt die Falle zu.

Dieses „absolute Vertrauen zu einer anderen Person" – (wie z.B.
Ehepartner oder Kinder) gibt es natürlich … Und darum ist es
ja auch so schwierig, einen Soziopathen zu erkennen… Er tut ja
im Grunde nichts anderes, als das, was ihr alle tut, die ihr schon
sehr lange zusammen seid und euch gegenseitig absolut liebt
und vertraut. Er weckt dein Vertrauen! Und du? Weil du ihn
liebst, gibst du es ihm! Dass „er" dir „seine" Liebe aber nur
vorspielt, um eben dieses Vertrauen von dir zu erlangen …
damit du ihm irgendwann deine Bankvollmacht und was weiß
ich noch alles gibst … das checkst du nicht! … Wie sollst du
auch? Dein Soziopath ist ein absoluter Meister der
Schauspielkunst. Er kann „Liebe" spielen, wie kein anderer! Und
dazu gib er dir Sex oder das, was jeder Soziopath perfekt
beherrscht: „Wenn du nicht das tust, was ich will … dann weine
ich eben!" Und wenn „er" weint, dann stimuliert er deinen
Helfer Instinkt! … Der Soziopath weiß das! …

Und genau dieses gutmütige Verhalten von dir macht er sich zu Nutze! Er „bohrt" dich an, indem er vor dir jammert und weint! Indem er dir erzählt, wie schlimm und ungerecht sein Leben bis jetzt war und du nun sein „Retter" und sein „Anker" bist, ködert er deine Gutmütigkeit und deinen Helfer Instinkt!! Und das, mein lieber ... das macht er genau deswegen, weil er es vom ersten Tag an so mit dir geplant hat! Ja: Er beutet dich aus! Eiskalt und absolut bewusst beutet er dich aus, stiehlt dir dein Geld, indem er dir seine Freundschaft vorjammert und vorweint und lässt dich für sich bezahlen und bezahlen und bezahlen und arbeiten! ... Dabei erzählt er dir aber natürlich immer wieder, was „er" alles für „dich" tut ... (nämlich nichts, aber das kapierst du nicht, weil du vor lauter jammervollen Geschichten, die er dir vorlügt, und vor lauter Sexorgien, die „er" mit dir durchfickt, blind bist!)

Am Anfang sind seine „Wünsche" noch klein: Doch am Ende hält er dann nur noch die Hand auf und lässt sich die Tausender von dir nur noch so in seinen fetten Arsch hinein schieben ... 4000 fürs Auto ... 7000 für ein Wohnzimmer, 10000 auf das Konto, usw. usw. usw. ... Und das alles natürlich unter dem Vorwand, dass es z.B. für eure „gemeinsame Zukunft" oder „ein gemeinsames Leben" wäre! Ja! ... Dieses (dieses sehr selten zu hörende Wort wurde vom Autor gelöscht) erfindet eine Lüge nach der anderen ... Hauptsache, du fällst auf ihn herein ...

„Er" hat dir mit seinen Manipulations - Künsten gelernt, dass du ihn „liebst"! Und „er" hat mit seinen Manipulations - Künsten gelernt, ein anormales Verhalten zu dir selbst zu entwickeln: Du hörst nämlich auf, selbst zu denken und vertraust „ihm" absolut. Denn „er" ist ja dein bester Freund und „er" denkt für dich mit und „er" denkt jetzt auch für euch beide zusammen! In deinen Augen ist „er" ein Heiliger! Ein Gutmensch der absoluten Oberklasse! „Er" ist für dich etwas Wundervolles! Dein Mittelpunkt. Ein wundervoller Mensch, der niemals etwas Böses tun könnte. Und genau DAS suggeriert er dir Tag für Tag! Genau das redet „er" dir ein! … Dir und deiner Umwelt! … Denn auch sie belügt er nach Strich und Faden! Und du? Du glaubst ihm diesen Scheißdreck schon wieder! Dabei lenkt er dich und sagt dir immer wieder ganz genau, was du zu tun hast! Zwar sagt er dir das nie direkt, aber er sagt es dir immer wieder und sehr bestimmt und sehr nachdrücklich. Und zwar, ohne dazu Worte zu benutzen! Denn Manipulation braucht manchmal nur wenige Worte!

„Er" hat dich durch seine Manipulation nun so eingestellt, dass du alles für ihn tust und fest davon überzeugt bist, dass „er" dich niemals belügen, betrügen oder dich ausnutzen würde! … Was „er" natürlich ständig tut und „du" das nur nicht mitbekommst, weil „er" dich ununterbrochen mit seinen „Liebesschwüren" einwickelt und dich belügt! … Oder einfach nur seine Beine spreizt, oder dich mit seinem Schwanz in den siebten Himmel fickt! … Und du? … Du glaubst ihm diesen Scheißdreck schon wieder und vertraust ihm jetzt vollkommen!

Er schirmt dich ab. Er suggeriert dir, dass du mit niemanden reden sollst, der „ihm" gefährlich werden könnte! Sei es die Nachbarin, die sieht, wie sich andere Personen zum Ficken in eure Wohnung schleichen oder sei es die Verkäuferin vom Lebensmittelmarkt, die „deinen" Soziopathen von früher kennt und um seine kriminelle Lebensgeschichte weiß.

Selbst wenn die Frau, die neben euch wohnt, dich vor der Tür anhält und dir sagt, dass da immer ein anderer Sexpartner zu deinem Liebsten kommt und die beiden dann so richtig geil und laut bei offenen Fenster ficken! … Und das immer, wenn du in der Arbeit bist! … Selbst dann glaubst du mit Sicherheit nicht der Frau, die dir das erzählt, sondern immer noch deinem Partner, der dir sagt, dass diese „blöde Kuh von nebenan" immer nur Lügen über euch erzählt und dass „die" das alles nur gesagt hat, weil sie euch auseinanderbringen will! … Und noch was: Du glaubst deinem Soziopathen diesen Scheißdreck nicht nur … nein … du glaubst ihm diesen Scheißdreck nahezu bedingungslos und tust alles, was „er" will, weil „er" dir ja ständig das Gefühl gibt, dass du, wenn du es nicht tust, „ihn" verlieren könntest! … Also tust du es! Und zwar alles, was „er" dir in deinen Kopf suggeriert und in dich hinein manipuliert! Und so bringt er dich dazu, dass du … na? Wer weiß es? Ja: Das du alles für ihn b e z a h l s t ! … Diese kleine, dreckige Sau! Nicht wahr?

Du zahlst mit „Ja – sagen"! Mit Geld! Mit Sex! Mit deiner Arbeitskraft! Du zahlst mit allem, was du hast! Wie ein dreckiger Parasit fällt er unbemerkt über dich her und saugt dich aus! Du wirst manipuliert, erpresst und genötigt … ohne dass du überhaupt kapierst, was „dein Soziopath" da mit dir macht! … Und das ist der Unterschied:

Denn „er", dein Soziopath, weiß natürlich ganz genau, was er tut und was er da mit dir macht! Er hat es ja sogar selbst und vorsätzlich und verbrecherisch geplant! … Und deswegen ist es auch kriminell! Und zwar im höchsten Maße! Denn „er" macht vorsätzlich und geplant Dinge, um einem anderen Menschen zu bestehlen! Und zwar um viel, viel Geld! Und genau das ist die Wahrheit: Soziopathen sind einfach nur gefährliche, gefühllose, bestialische und skrupellose Kriminelle, die andere Menschen bestehlen! Nicht mehr und nicht weniger! Es sind kriminelle Diebe! Die man eigentlich einsperren müsste! Ein Soziopath ist in den Augen so mancher Opfer gleichzusetzten mit einem Parasiten: Mit einer Laus, mit einem Blutegel oder einer stinkenden Scheißdreckmade!

„Er" sucht „dich" gezielt aus mehreren Personen aus! Tastet dich ab. Erörtert in Gesprächen, ob du genug Geld für ihn verdienst, um ihn die nächsten Jahre auch „bedienen" zu können. Er schläft mit dir, um zu sehen, ob du seinen Bedürfnissen gerecht wirst. Dann macht er einen Plan für dich. Erstellt ein Timing für dich und geht genau danach vor… Und vom ersten Tag an… nein… sogar von der ersten Stunde eures Kennenlernens an, belügt er dich… Denn sein Ziel bist nicht du, sondern dein Geld! Dein Geld und dein Sex und deine Arbeitskraft! Das kann ein paar Tage dauern (bis der Umzug gemacht oder die Wohnung renoviert ist) oder auch Jahre (bis die ganze Firma und die zwölf Häuser auf den „Soziopathen" umgeschrieben sind…) Die Aussage eines Rechtsanwaltes lautete einmal zu einem Opfer: „Seien Sie doch froh, dass es nur knapp hunderttausend Euro waren! … andere Opfer überschreiben ganze Firmen! …"

Wenn „er", der Soziopath, mit dir fertig ist, wirst „du" nur noch eine leere und ausgesaugte Hülle sein. Wenn du es überhaupt schaffst, das zu überleben. Womöglich mit Schulden, die du für „ihn" gemacht hast. „Du" wirst an Selbstmord denken und nie wieder der Mensch sein, der du vorher warst. „Du" wirst für den Rest deines Lebens kaputt sein und durch diesen immensen Vertrauensbruch eine vergewaltigte Seele haben. „Du" wirst finanziell ruiniert sein. „Du" wirst keinen Ort mehr haben, der dir gehört. „Du" wirst keine Freunde und keine Familie mehr haben, weil der Soziopath all deine Bekannten umdreht und ihnen seine Lügen über dich erzählt, damit ja keiner auf die Idee kommt, dir zu glauben oder vielleicht sogar mit dir zu reden! … Und du? Du wirst jetzt ganz alleine sein! Gegen ihn und seine Lügen!… Keiner wird dir helfen! Ohne Geld und ohne Heimat!

Und „er"… dein Soziopath? … Er wird Wein saufen, lachen, Reisen machen und nach dem nächsten Opfer Ausschau halten, dass „er" dann wieder zusammenficken und bestehlen kann! …

Ja … Das ist leider die Wahrheit! Und es passiert jeden Tag! Denn diese (finde hier selbst das Wort, das dir passend erscheint): Sie werden immer mehr!

Kapitel zwei: Der „Zahle nie mit deinem eigenen Geld – Trick"

Der „Zahle nie mit deinem eigenen Geld – Trick" ist wohl das dreckigste und abartigste, was es gibt. Weil es bei diesem Trick nämlich so ist, dass dem Soziopathen vom ersten Tag an absolut klar ist, dass er den Menschen, mit dem er in einer engen, geschäftlicher Beziehung steht oder mit dem ihn eine Freundschaft oder eine Liebesgemeinschaft verbindet, gezielt ausbeutet und ausbluten lässt, bis dieser hinterher absolut fertig ist und nicht mehr weiter weiß. Der Soziopath sieht diesen Menschen jeden Tag und der Soziopath weiß auch jeden Tag ganz genau, dass er diesen Menschen gezielt belügt, ihn bestiehlt, ihn vergewaltigt und ihn irgendwann eiskalt seine Seele kaputt macht! Er nimmt es in Kauf, dass er diesen Menschen steuert, seinen Körper benutzt, ihn bald in die Hölle stürzt und damit für immer sein Leben zerstört! Er nimmt es auch in Kauf… Nein, er plant es sogar noch, dass dieser Mensch sich nach „der Behandlung" des Soziopathen das Leben nehmen könnte, und er, der Mörder, natürlich frei ausgeht und sein „Problem", (das nämlich dieser betrogener Partner die Wahrheit über ihn erzählt), damit erledigt wäre!

Das ist übrigens genau die Vorgehensweise von Pädophilen und Kinderschändern. Sie stellen ihre Opfer hinterher „ruhig", indem sie ihnen massiv drohen oder einfach nur ihre Seele soweit kaputt machen, dass die Opfer nie mehr etwas sagen … Der Soziopath ist mit seinem Opfer oft über Monate oder sogar über Jahre hinweg zusammen. Er lacht mit ihm, schläft mit ihm, umarmt und küsst ihn und suggeriert ihm sogar noch, sein bester Freund und sein verliebter Partner zu sein! … Dabei ist der Soziopath nichts von alledem! Er ist einfach nur ein geldgieriges (dieses Wort wurde vom Autor gelöscht), das einen unschuldigen Menschen dazu benutzt, um sich an ihm geil zu machen und sich zu befriedigen. „Er" will eine Jacke von Jack Wolfskin, eine Reise zum Wellness Tempel, den Flug in die Toskana, eine neue Küche oder ein gefülltes Bankkonto …

Er ist ein (dieses sehr passende Wort wurde vom Autor gelöscht), das einen Menschen durch seine Lügen und Manipulation ausbeutet, ihn bestiehlt und ihn ermordet! Dabei geschieht dieser „Mord" natürlich nicht durch einen gezielten Akt! Nein, der Soziopath macht es so geschickt, dass der Mensch, den er ausbeutet und den er täglich vergewaltigt, sich nach dem Kontakt mit ihm erschießt, sich aufhängt, sich tot säuft, sich die Haut aufritzt oder sich in einer Irrenanstalt wiederfindet! …

Wenn ein Soziopath den „Zahle nie mit deinem eigenen Geld – Trick" anwendet, dann ist diesem soziopathischen Vieh vom ersten Tag an klar, dass er dem Menschen, den er ausnimmt, am Ende sehr, sehr, weh tun muss. Er nimmt das aber nicht nur in Kauf! ... Nein: Er plant es sogar noch! Explizit und bis ins Detail! ... Und zwar vom ersten bis zum letzten Tage!

Er lügt dir zum Beispiel vor, dass er „arm" ist und er erfindet herzzerreißende Storys um seine Armut. Er liegt weinend und schluchzend in deinen Armen und sagt dir zum Beispiel, dass er vor jemanden „fliehen" und „alles zurücklassen musste"... um endlich „frei zu sein", weil er dort, wo er war, nur vergewaltigt wurde! ... Und du? Du glaubst ihm diese Lüge! ... Und zahlst!

Du zahlst mit deiner Liebe, mit deinem Vertrauen und vor allem: Du zahlst mit deinem Geld! Du zahlst, weil „er" dir sagt, du sollst es tun, sonst würde eure Liebe nicht die Liebe sein, die sie ist! Das lässt er dich spüren und er suggeriert es dir in so kleinen Stückchen in deinen Kopf hinein, dass du nicht mal mitbekommst, wie sehr er dich manipuliert! Er erzählt dir zum Beispiel, dass sein größter Traum eine Reise in die Toskana wäre, für die er jeden Monat zwanzig Euro spart ... weil er doch so arm ist! ... Und er sagt dir im selben Atemzug schluchzend und weinend, dass er diesen, seinen größten Traum, wohl nie erleben wird, weil er ja so „arm" ist... und weil er diese zwanzig Euro im Monat immer für etwas anderes braucht! ... Und du?

Weil „er" dir gezielt und geplant tagtäglich „einredet", dass du ihn liebst und „ihr zwei" eine wirklich außergewöhnliche Liebe erlebt, die von einer „höheren Macht" gestellt worden ist, damit „ihr zwei" endlich „leben" könnt ... erfüllst du ihm diesen Traum natürlich, weil du „ihn" liebst! („Er" hat ja nicht umsonst einen wie dich als Opfer ausgesucht, der das Geld hat, um ihm seine Wünsche zu erfüllen ... kapiert? ...Ja, ja! ... Um dich persönlich geht es hier eigentlich gar nicht! Auf jeden Fall nicht für ihn! „Du" bist für ihn nur ein „Beiwerk", welches er jeden Tag zusammenfickt, und sich damit das Geld für eine Hure spart! Von wegen „große Liebe"! ... Um was es ihm geht, ist dein Geld! Es ist einfach nur dein Geld! Er hat „dich" aus all den Kandidaten nur deswegen ausgesucht, weil du „Geld" hast!... und nicht etwa, weil er dich liebt!...)

Der Soziopath hat jetzt eine „Erwartungshaltung" in dir geweckt, die dich ohne zu denken zum Samariter für deinen besten Freund (und Soziopathen) werden lässt, und „du"? Weil „er" dich dazu hin manipuliert hat, wirst du ihm selbstverständlich helfen! Immer ein Stückchen mehr! ... Und zwar ohne zu denken und ohne nachzufragen! Dabei hättest du genau das tun sollen: Denn Nachfragen würde dir in dieser Phase des soziopathischen Diebstahls sehr viel helfen. Zum Beispiel fiel ein Opfer hinterher aus allen Wolken, als man ihm einen Überweisungsbeleg über 80 000 Euro zeigte, ausgestellt genau auf die Person, die ihm genau zu der Zeit der Auszahlung immer und immer wieder weinend und schluchzend erzählt hatte, sie wäre „arm" wie eine Kirchenmaus und könnte sich nichts leisten! ... Dabei hatte sie mehr Geld, als ihr Freund! Äh... verzeihen Sie: Als ihr belogenes Opfer natürlich, der natürlich „dachte" die Soziopathin wäre sein „Freund"!

Damals wusste das Opfer von dem Geld, dass sein „Soziopath" auf seinem Konto hatte, natürlich nichts! Der Soziopath hat es ihm natürlich die ganze Zeit verheimlicht und ihm vorgelogen, er sei arm! ... Und der Belogene zahlte und zahlte und zahlte und zahlte, weil er seinem „Liebsten" natürlich „helfen" wollte! Die Sau hat sich sogar ihre vollgeschissenen Unterhosen von dem Opfer bezahlen lassen! Einfach nur deswegen, weil „er" an ehrliche Liebe und an Freundschaft geglaubt hat!

Nun ... Wenn er dich soweit hat! Wenn „du" ihm glaubst, dass „ihr zwei" für immer und ewig zusammenhalten werdet, (nur weil er es dir sagt?) ist der Soziopath am Ziel ... und du am Ende! „Du" bist jetzt reif für die Schlachtbank und „er" ist Reif für den Besuch des Finanzberaters! ... Denn schließlich muss er ja dein Geld anlegen! ...

Dass „er" ... dein Soziopath ... in der selben Minute, als er dir das mit den zwanzig Euro und der Toskana erzählt hat, tausende Euro auf seinem zweiten und heimlichen Konto gebunkert hat, und dass er sich dieses Geld von deinem Vorgänger herausgefickt, gestohlen und erpresst hat! ... Das sagt er dir natürlich nie! ... Also nochmal:

Als Soziopath weißt du ganz genau, dass du einen abgrundtief ehrlichen und gutmütigen Menschen, nämlich deinen dich liebenden Partner, eiskalt und skrupellos belügst, betrügst und ihn vielleicht sogar bis zum Selbstmord bringen wirst! Und du führst das trotzdem geplant und vorsätzlich aus ... Du bringst also Menschen um. Du ermordest sie! Oder zumindest ihre Seele! Du tötest sie. Gezielt, vorsätzlich und geplant. Ohne mit der Wimper zu zucken ... Und wenn dein Opfer deine Vergewaltigung und deine Brutalität wirklich lebend übersteht... Dann ist es hinterher finanziell ruiniert und seelisch so kaputt, dass es lieber tot wäre...

Für so eine asoziale Bestie ist das alles normal! Denn „er" denkt ja von sich, er „darf" das. Nach seiner Meinung ist er nämlich der „Übermensch" und steht weit über den anderen, den „normalen Menschen", welche für ihn nur „Vieh" sind, dass er sich ausbeuten und befehligen darf und mit dem er machen kann, was er will. Wenn also jemand von diesem ausgebeuteten „Vieh" stirbt, so denkt der Soziopath, ist das nicht weiter schlimm … Es war ja nur ein Vieh und niemand aus der „Herrenrasse", der gestorben ist … sondern eben nur „dreckiges Vieh", das man jederzeit ersetzten kann! …

Wenn du ein Soziopath bist, gilt ein Menschenleben bei dir nichts, weil du empathielos bist! Empathielos bedeutet, dass du keine Gefühle hast. Im Gegenteil: Du lachst auch noch mit deinen soziopathischen Freunden, Bekannten und Kindern über diese „dummen Leibeigenen", die sich von dir ficken lassen und die dir das Geld geben, dass du ihnen Tag für Tag abnimmst und aus dem Schwanz lutscht! Aus reiner Gier und Boshaftigkeit. Du brauchst es nämlich gar nicht, weil du von dem, den du vorher abgefickt hast und von dem anderen davor, so viel Geld gestohlen hast, dass es sowieso schon ein großes Bankkonto füllt, das „dir" gehört! …

Aber genau das ist es: … Als Soziopath bekommst du deinen Hals nie voll genug! Deine Gier ist schier unendlich! Du musst immer jemanden beweisen, dass du es kannst! Du musst immer mehr und mehr und mehr und mehr und mehr stehlen und stehlen und stehlen… Weil du dumm bist! Robert Hare hat es einmal gesagt: „Soziopathen sind die dümmsten und verabscheuungswürdigsten Kreaturen, welche die Natur jemals hervorgebracht hat!"

„Du" machst das aber auch, weil du einfach nur gierig bist! Gierig und geil. Und weil es dich befriedigt, zu stehlen und zu besitzen und jemanden zu quälen! Und weil du dir sagst: „Ein Menschenleben ist mir egal weil ich jetzt damit spiele! Weil ich

Macht ausüben will!" Und weil du die Soziopathen - Sprüche schlechthin befolgst … Sie gehen so: „Ich mach das, weil ich es kann!" Oder: „Frag nicht, warum … frag dich lieber: Warum eigentlich nicht?" (Was in der Übersetzung nicht anders bedeutet als: „Ich bin der Übermensch! Ich benutze dich, weil du in meinen Augen ein Untermensch bist! Und ich nutze es aus, dass du meine Lügen glaubst und mir nur deswegen vertraust, weil ich dir Liebe, Zuneigung oder Freundschaft vorspiele!) Leute, die Kinder missbrauchen oder Frauen vergewaltigen, … die Aufseher in den KZ, … die sind so! Die sind solche eiskalten Schweine! … Meiner Meinung nach sind solche Wesen einfach nur empathielose Tiere! Auf keinen Fall Menschen! Diese Tiere kennen keine Reue, keine Schuld und keine Empathie! Diese (diese Worte wurde vom Autor gelöscht) nehmen es von Anfang an in Kauf, das Leben eines Menschen für immer zu zerstören, nur um i h r e Interessen eiskalt durchzusetzen! Sie quälen und foltern, um sich aufzugeilen und sich zu befriedigen! Lies die Geschichte über das Horrorhaus in Höchster. Dann weißt du, was ich meine! …

Als soziopathischer Krimineller zahlst du nie mit deinem eigenen Geld! Auch wenn du noch so viel davon hast! Du erfindest immer einen Vorwand, dass ein anderer für dich bezahlt oder wenigstens teilweise für dich bezahlt. Und am besten lässt du dein Opfer für dich bezahlen. Also denjenigen, den du dir mit deinen Freundschafts - Schwüren oder Heiratsversprechen „abgerichtet" hast! Und dabei geht es nicht um die Rechnung beim Griechen oder beim Italiener! … Nein!… diese Kleinigkeiten bezahlt der Kriminelle selbst! … Um den „Anschein" zu wahren! Dabei geht es um die Rechnung für ein Auto, für teure Reisen, eine Wohnung oder ein Haus!

Und da sind wir nun beim Punkt: Nämlich beim „Zahle nie mit deinem eigenen Geld – Trick":

Wie macht man es also, das man sich alles, was man will, von einem anderen bezahlen lässt, dem anderen aber bei der (vorgeplanten) Trennung nichts von dem ganzen Zeug, dass „er" bezahlt hat, geben muss? Wie macht man es, dass man jemandem seine Sachen, die er bezahlt hat, stehlen kann, ohne dafür bestraft zu werden? Nun… ganz einfach. Man macht es so: Der Soziopath wird immer und explizit darauf achten, dass s e i n Name auf der Rechnung steht. Er wird immer einen sehr wichtigen Vorwand erfinden, mit dem er dir vollkommen plausibel erklärt, dass es nur „dir" zugutekommt, wenn „wir" das so und so machen!" … Denn dann (wenn sein Name auf den Rechnungen steht!) gehört das, was „du" gekauft oder bezahlt hast, vor dem Gesetz ganz einfach nur ihm! Wusstest du das nicht? Nein? … Naja … das ist es ja… Den genau mit diesem Unwissen rechnet der Soziopath!

Er rechnet mit deinem Vertrauen, mit deiner Liebe, mit dem, dass du glaubst, dass er ehrlich ist! Er rechnet damit, dass du glaubst, dass bei einer Trennung (die natürlich nie passieren wird, weil ihr zwei euch ja so sehr liebt!) alles absolut korrekt ablaufen wird, weil er dir (natürlich ohne Zeugen!) das alles per Handschlag versprochen hat, usw, usw! …

Vielleicht wird er dir sogar seine „Hilfe" anbieten, weil er dir erklärt, dass die Hälfte deines Geldes weg sein wird, wenn du dich scheiden lässt! … Und er, weil er doch dein bester Freund ist und dich so sehr liebt, dir helfen will, indem er „dein Geld" für dich auf s e i n e m Konto oder bei sich in s e i n e m Tresor aufhebt! Und das natürlich, ohne dass auch nur irgendjemand davon weiß! Nur… Wenn das niemand weiß… dann gibt es auch keine Zeugen, die das bestätigen können … Kapiert?

Er rechnet damit, dass es dir genügt, wenn er dir per Handschlag versprochen hat, dass alles, was „du" bezahlt hast, natürlich auch „dir" gehört und du es selbstverständlich bei einer Trennung bekommen wirst … Und der Soziopath wird zu dir sagen: „Ich schwöre dir bei dem Leben meiner Kinder, dass du alles bekommst, was dir gehört und was du bezahlt hast!" Aber: Halten wird er diesen Schwur nie! Denn bei der Trennung, die „er" herbeiführt, wird er es nämlich genau so mit dir machen, wie er es vom ersten Tag an mit dir geplant hat: Er wird deine Sachen, dein Geld und deine Werte ganz einfach – behalten! Und so werden Soziopathen, die eigentlich nur wenig Geld verdienen, plötzlich zu Besitzern von teuren Autos, von teuren Wohnungen, von ganzen Häusern oder kompletten Firmen … ohne auch nur einen einzigen Cent dafür bezahlt zu haben!

In einem konkreten Fall bestahl eine weibliche Soziopathin, nennen wir sie hier die „SF", einen Mann um mehrere hunderttausend Euro! Sie brauchte sieben Jahre, um das Vertrauen des Mannes so sehr aufzubauen, dass er sein Geld mit ihr zusammen in ein gemeinsames Schließfach legte! Drei Tage nach der Einzahlung ins Schließfach erfand die SF einen Grund für einen Streit und warf den Mann aus dem Haus, welches eigentlich ihm gehörte, weil er es bezahlt hatte! Welches aber auf dem Papier, und nur wegen der Steuer, allen beiden gehörte! Als der Mann Tage nach dem Rauswurf wieder bei Sinnen war, schrieb er der SF eine Nachricht: „Ich habe sehr viel Geld in unser gemeinsames Schließfach gelegt! Es ist weg! Du hast es mir gestohlen!" Da schrieb ihm die SF nur zwei Wörter zurück: „Beweise es!" Und hängte einen Smiley dran, der sich tot lacht! Der Mann sagte später: „Wenn ein Arzt irgendwann zu mir sagt, dass ich nur noch drei Monate zu leben habe, dann hole ich mir diese SF aus ihrem dreckigen Loch heraus und schlage sie auf der Straße mit einem Holzprügel so kurz und klein, dass ihr Dreck nur so spritzt!" ...

Ob der Mann das dann auch wirklich mal machen wird, steht natürlich in den Sternen! Denkt an dieses Buch, wenn ihr ähnliche Begebenheiten in den Zeitungen lest und glaubt nicht, dass sich hinter jedem bestialischen Mord eine Bestie als Täter verbirgt! Denn manchmal ... ja, manchmal, so denke ich, ist das Opfer wohl die größere Bestie als der Täter und ihr alle dürft froh sein, dass dieser Typ euch von so einer SF erlöst hat! Aber das nur so ganz nebenbei und jetzt weiter im Text:

So oder so ähnlich läuft das manchmal! Das einzige, was der Soziopath tun muss, ist: Er muss dich belügen. Er muss dir seine Muschi hinhalten oder es schaffen, dir mit seinem Schwanz das Hirn aus dem Kopf zu vögeln... Was für einen empathielosen Soziopathen (welch ein Paradoxon) laut Aussage vieler Opfer kein Problem sein wird... denn Ficken können sie!... Und zwar vom ersten Tage an. Sie sind so charmant und so liebenswürdig1 ... Sie sind genau der Typ, den du schon so lange gesucht hast! ... All das spielt er dir vor ... Er sagt dir, dass er dich heiraten will und du dich scheiden lassen sollst. Im selben Atemzug sagt er dir, dass, wenn du dich scheiden lässt, dein Mann/deine Frau die Hälfte von allem bekommt, was du gekauft hast. Und dann sagt er dir: „Ich habe eine gute Idee. Wir lassen alle Rechnungen auf meinen Namen schreiben, dann kann deine Frau/dein Mann bei einer Scheidung nicht an die

Sachen ran, die du für uns gekauft hast..." Dass dieses „gemeinsame Kaufen" dein Konto zu einhundert Prozent, das des Soziopathen aber nur zu null Prozent belastet ... dass „DU" nämlich alles bezahlst ... das sagt er dir nicht... denn in seiner Manipulation ist ja immer nur alles „für euch beide" oder „wenn wir dann mal heiraten!"...

Ein sehr berühmter Fall ging damals durch alle Zeitungen. Die Tochter einer der größten Industriefamilien Deutschlands musste ihrem Soziopathen eine Millionenabfindung bezahlen, die sich dieser vor Gericht von ihr erstritten hatte. Auch sie dachte, er würde sie lieben. Auch sie hat ihm grenzenlos vertraut. Und auch sie hat wirklich und ehrlich geliebt! ... Sie glaubte an die Lügen ihres Peinigers.

Ja ... Das ist der „Zahle nie mit deinem eigenen Geld Trick", den du anwenden kannst, wenn du eine kriminelle (dieses kleine Wort wurde vom Autor gelöscht) bist"...

Nochmal:

Wenn man diesen Trick anwendet, weiß man von Anfang an genau, dass man seinem „Partner" etwas vorlügen und vorspielen muss! Denn dieser Trick funktioniert nur, wenn man ihn über Monate oder vielleicht sogar über Jahre hinweg anwendet! Und man weiß auch vom ersten Tag an, dass man seinem Opfer sehr, sehr wehtun wird! ... Der Soziopath wird vom ersten Tag an alle Rechnungen auf sich schreiben lassen und dir, wenn er dein Vertrauen hat, Vorschläge machen, mit denen er dich soweit bringt, dass er auch noch irgendwie an dein Geld kommt! (Vertrauen! Schließfach! Geldkassette! Bargeld! Bankvollmacht! Sex! Vorgespielte Freundschaft! usw, usw!) Dann kommt die Trennung, die immer so abläuft:

Der Soziopath erfindet eine oder mehrere Lügen, die er Tage vorher all deinen Verwandten, Bekannten und Freunden erzählt. Du weißt natürlich nichts davon. Mit dir bricht er dann plötzlich einen Streit vom Zaun, der so laut ist, dass die Nachbarn alles gut mithören können und er beschuldigt dich in diesem Streit (und zwar sehr, sehr laut), dass „du" schuld bist und dass „du" ihn (den Soziopathen) schon seit Jahren belügst, betrügst und ihm Gewalt antust, was natürlich niemals stimmt!

Du fällst aus allen Wolken und denkst noch: „Was ist denn jetzt los? Was hat er denn? Warum schreit er denn jetzt auf einmal so rum? Ist das jetzt ein Witz oder was? Wo ist denn die versteckte Kamera?" ... Und du lachst sogar noch! ... Und wenn du Glück hast, kommst du noch dazu, zu sagen: „Aber meine große Liebe/mein Partner/mein Geschäftsfreund? Mein „Ein und Alles"! ... Was ist denn jetzt los? Was hast du denn?" ... Und das war's: Du führst diesen Satz nicht mehr zu Ende! ...

Denn deine „große Liebe", dein „bester Freund", dein „absolut loyaler Partner", der immer so lieb, so korrekt und so ein guter Mensch war, der beschimpft dich nun sehr laut mit verehrenden Lügen und den dreckigsten Wörtern, die du jemals gehört hast!

Dann packt er dich äußerst brutal und wirft dich raus! Ohne eine Erklärung! Ohne einen Grund! Und ohne, dass du überhaupt verstehst, was da gerade mit dir passiert! Er wirft dich aus deiner eigenen Wohnung/Haus/Firma, die du aufgebaut und die du bezahlt hast! ... Aber du denkst immer noch, es wäre alles ein Witz und versuchst was zu sagen und lachst ... !

Aber es ist leider kein Witz! Du wirst nämlich deine Wohnung ab dieser Sekunde nie wieder betreten! Alles, was du jetzt nicht bei dir hast, wirst du nie mehr wiederbekommen! Denn dein

„immer so korrekter Lebenspartner/Geschäftsfreund" nimmt es dir! Ja! … Er stiehlt es dir! Und zwar jetzt, in diesem Moment! Alles, was du jetzt zurücklässt, gehört von nun an dieser (diese sehr interessanten Worte wurde vom Autor gelöscht)! …

„Er"! Dein geliebter Partner und „so ein guter Mensch", mit dem du Jahre in Harmonie verbracht hast, ist jetzt innerhalb von Minuten so absolut kalt und so brutal und so falsch geworden, wie du ihn noch nie erlebt hast! Er ist kalt, abweisend, grob, dreckig, brutal, arrogant, säuisch, bestialisch und herrisch, wie ein dreckiges Vieh!

Er wirft dich jetzt aus deiner eigenen Wohnung/Haus/Firma, die „du" bezahlt hast und für die „du" z.B. immer noch die Miete bezahlst! … Aber für die dummerweise nur „er" den Mietvertrag unterschrieben hat! Wegen der „Steuer" oder sowas! Das hat „er" dir damals jedenfalls so gesagt und eingeredet! Und du hast ihm vertraut!

Du denkst immer noch, alles wäre nur ein Witz, der sich gleich auflöst! … Aber es ist kein Witz! Er packt dich sehr grob! Wirft dich zur Tür hinaus und wirft dich zu Boden! Dazu ruft er sehr laut und sehr deutlich immer wieder einen Satz, der „dich" diffamieren soll! Und zwar so laut, dass ihn nicht nur alle hören können, nein! … Er ist so laut, dass ihn alle ihn hören „müssen"!

Zum Beispiel: „Du fängst immer einen Streit an! Du fängst immer einen Streit an!" (Dabei habt ihr nie gestritten!) oder: „Du hast mich vergewaltigt/geschlagen/bestohlen!" (Was natürlich auch nicht stimmt!) …

Das, was „er" da macht, verstehst du nicht, weil du „ihn nicht vergewaltigt hast"! Im Gegenteil: Du hast nie! etwas Böses gegen ihn gemacht oder getan und ihm immer! geholfen! Du bist so Perplex von dieser Situation: Du suchst immer noch die versteckte Kamera! Es macht doch keinen Sinn, was er da sagt! Und warum schreit er es so laut heraus, dass man es drei Häuser weiter immer noch hören kann?!

Nun … Für „ihn" hat es Sinn! … Du verstehst es nur noch nicht! Dieses Geschrei ist einfach nur ein kleiner Teil seines Planes, den er sich schon seit Monaten für dich zurechtgelegt hat!

Es hat ganz einfach nur den Sinn, dass die anderen Leute das hören können und sich sofort alle gegen dich wenden! Er schreit seine Lügen über dich heraus und wiederholt sie ständig, damit alle Leute sie hören und sie glauben! Jetzt bist du ein Vergewaltiger! Jetzt hat er die (in seinen Augen dummen Leute) alle umgedreht und mit seinen Lügen den Grundstock für deine Zukunft gelegt:

„Er" kann dir jetzt alles stehlen! Dein Haus, dein Geld, deine Firma! Die anderen Leute werden sogar sagen: „Ja! Nimm´s ihm doch, dieser Drecksau!" … Er kann dir jetzt alles stehlen, was er will und „du" wirst vor allen Leuten der „Böse" sein und keiner wird dir helfen! Denn „du" bist ja der, der seinen Partner (den eiskalten Dieb) geschlagen oder vergewaltigt hat! Von nun an bist du gebrandmarkt! Und von nun an wird jeder! alles! glauben!, was dein Soziopath ihm sagt! Und dir nichts mehr!

Eine Aussprache wird es zwischen euch niemals geben! Auch die Sachwerte und das Geld sind ab jetzt für dich verloren und der Soziopath wird sich hüten, auch nur ein einziges Mal mit dir darüber zu reden, wem was gehört und wo jetzt dein Geld hingekommen ist! Das will er nicht! Sein Plan war ja vom ersten Tage an, dass am Ende alles „ihm" gehört!

Du verstehst das alles noch nicht! Denn du bist noch blind! „Du" glaubst im ersten Moment noch an einen Witz oder an einem Traum, aus dem du gleich aufwachen wirst! … Es ist absolut unmöglich, dass dieser wirklich gute Mensch, der dich so sehr liebt und der dir das jeden Tag so offen gesagt hat! … Dass dieser wundervolle, korrekte und liebenswürdige Mensch, mit dem du so gelacht, gereist und von dem du geil und so voller ehrlicher Leidenschaft und Liebe gevögelt worden bist! … Das dieser „wundervolle und so ehrliche Mensch" plötzlich so etwas mit dir tun könnte! … Nein! … Das gibt es nicht!

Du verstehst die Welt nicht mehr! Warum tut er das!? Und warum macht er das so bestialisch, so brutal, so abartig und so dreckig wie ein gefühlloses Vieh, mit dir? Du hast ihm doch nie etwas getan! Warum trennt er sich also „so" von dir? Als ob du „Dreck" wärst!? Als ob er dich umbringen möchte? Aus einer Situation der absoluten Harmonie heraus, in der ihr jahrelang zusammengelebt/gearbeitet habt? Wie oft hat er dir noch gesagt, dass eure „Liebe/Freundschaft/Geschäftsverhalten" so absolut harmonisch und so wunderschön wäre? Und jetzt? Schreit er dich plötzlich an! Mit den dreckigsten Ausdrücken, die es gibt!? Und packt dich und wirft dich hinaus! Ohne Grund! Ohne Vorwarnung! Von einer Minute zur anderen! Diese absolute Kälte, dieses absolute Böse und hinterhältige Verhalten von ihm!? Er liebt dich doch so ehrlich und so wahrhaftig gut!? Das hat er dir doch gestern Abend beim Sex noch hundertmal gesagt!? Und jetzt das!

Ja! … Du verstehst die Welt nicht mehr! Aber weißt du was? … Du bist so sehr von ihm manipuliert und auf „ihn" eingestellt worden, dass du mindestens drei Monate brauchst, um auch nur annähernd zu kapieren, was dieses (dieses kleine, wunderschöne Wort wurde vom Autor gelöscht) da mit dir gemacht hat! Die Opfer, die er „vor dir" hatte, werden dich später aufklären! (Wenn es sie noch gibt! Suche sie!) Und die Leute, die deinen „Soziopathen" von früher kennen, die werden dir auch was erzählen:

Sie werden dir wahnsinnig brutale und schlimme Geschichten über ihn erzählen und plötzlich passt alles zusammen: Du triffst einen deiner „Vorgänger", also das Opfer, dass „dein" Soziopath „vor dir" um sein Geld bestohlen hat und dieses Opfer begrüßt dich mit dann den Worten:

„Sag mal? Mit wie viel Geld bist du denn bei dieser/diesem (diese außergewöhnlich deutlichen Worte wurden vom Autor gelöscht) hängen geblieben? Hat er/sie/es dir auch vorgelogen, dass es so arm ist, weil es vor einem bösen Partner hat fliehen müssen, der es nur bestohlen und vergewaltigt hat?!"

Und dann fängst du langsam an, zu verstehen!

„Der" der vor dir mit deinem Soziopathen zusammen war, wird dir nun ganz genau dieselbe Geschichte erzählen, die „du" mit diesem (dieses Wort wurde vom Autor gelöscht) erlebt hast! Bis ins Detail werden sich eure Geschichten gleichen:

Die „Rekrutierung" aus dem Internet, mit dem sofortigen Sex beim ersten Besuch! Das absolut harmonische Zusammenleben! Das Schluchzen und Weinen, wenn der Soziopath oder seine Familie Geld von dir braucht! Die „Reisen" zu genau den Orten, die dein Soziopath dir eingeredet hat und die du bezahlt hast!

Der perverse Sex und die Gang Bang Partys, auf die dich dein Soziopath als neuen Hengst/neue Stute mitgenommen hat! Das Fremdvögeln deines Soziopathen, das er jeden Donnerstag als Überstunden oder Nebentätigkeit getarnt hat! Die guten Ratschläge, die er dir gab, was man mit dem Geld und den Immobilien/Autos/Möbel usw. machen kann, damit dass alles entweder vor der Steuer oder sonst wem in „Sicherheit" wäre! (Originalton eines Soziopathen: „Dann legst du dein Geld alles auf unser „gemeinsames" Konto, von dem „ich" der Inhaber bin! Dann kann niemand da ran! Niemand kann es dir dann nehmen! Denn bei mir ist es   a b s o l u t   Sicher! Ich hebe es für dich auf!" – (Die etwa siebenhundert Wörter, die das Opfer über diese (dieses Wort wurde vom Autor gelöscht) gesagt hat, wurden hier vom Autor gelöscht! Der Soziopath lebt übrigens noch, was so manchen von uns wundert!)

Aber wie gesagt: Dazu brauchst du Monate, um das zu kapieren! Und auch das ist ein großer Vorteil des Soziopathen: Weil du ihn in dieser Zeit nämlich immer noch liebst! … Du kannst gar nicht anders! Nach „der" Gehirnwäsche, die du von „ihm" bekommen hast!

Und: Du wirst ihn deshalb monatelang nicht angreifen oder nach deinem Eigentum fragen! Du glaubst ja immer noch an eure große Liebe/Geschäftsvertrauen und an eine Aussöhnung - Die dir dein „Übermensch" natürlich niemals gewähren wird, weil er hat ja alles, was er haben wollte: … Nämlich dein Geld!

„Er" hingegen wird ohne dein Wissen alle deine Bekannten gegen dich aufhetzten und über dich belügen, so dass jedes Wort von dir als eine Lüge hingestellt wird, auch wenn es noch so wahr ist! ... Jeder wird jetzt sagen, dass du ein Lügner bist! Und dass das mit dem „Geld" gar nicht stimmt!

Am Anfang wirst du dich noch fragen, ob jetzt alle spinnen und was das soll? Du wirst nichts wissen und nichts verstehen! Du wirst noch lachen und es für einen Witz halten, der morgen wieder vorbei ist! ... Bis deine eigene Familie dich schneidet und dir erzählt, dass sie mit so einem brutalen Schläger, der seinen Partner so schändlich zusammengeschlagen hat, nichts mehr zu tun haben will! ... Und deine Freunde werden sagen: „Man hat uns schon erzählt, was du für eine Drecksau bist! Dein Partner hatte schon recht, wenn er vor dir davonläuft!" Und sie werden dir die Türe vor der Nase zuschlagen! ...

„Du" wirst von alledem nichts verstehen, weil „du" bis zur letzten Minute ein wirklich ehrlicher und loyaler Partner warst! Einer, der seinen Partner auf Händen getragen und ihm jeden Wunsch erfüllt hat! Einer, der ein wahrer, ein ehrlicher und ein wirklicher Freund war! Treu und hilfsbereit! Respektvoll und aufmerksam! Dass dein „Ex" schon lange überall herumerzählt hat, dass du ihn schlägst, brutal vergewaltigst und ihn im Keller einsperrst, um ihm sein Geld zu stehlen, damit du es mit Huren verprassen kannst und du ständig besoffen bist und er jetzt endlich mal den Mut hatte, vor dir zu fliehen! ... Das weißt du ja nicht ...

Ja... Dein Soziopath wird sofort damit anfangen, einen Schutzmantel um sich selbst zu bauen. Er wird eiskalte Lügen über dich erzählen, die so grässlich sind, dass alle eure Bekannten zusammenhelfen und „ihm" (diesen Dieb und Kriminellen) vor dir schützen wollen! (Man nennt diese gezielte Vorgehensweise des Täters in der Kriminalpsychologie: „Die

Täter – Opfer - Umkehr" - Das Opfer wird durch die infamen Lügen des wirklichen Täters selbst als Täter hingestellt und der wirkliche Täter erzählt überall herum, dass „er" sogar das Opfer wäre!)

Eine Aussprache wird es niemals geben! Weil am Ende für den Dieb, sei es Kindesmissbrauch, Diebstahl oder Vergewaltigung, immer das „abrupte" Ende o h n e Aussprache stehen muss! Der Soziopath wird sein Opfer immer brutal, eiskalt, abrupt und sehr schnell „abservieren", ohne jemals eine Aussprache zu wollen, weil der kriminelle Dieb ja dann ganz genau über das reden müsste, was er getan hat und kein einziges Argument dagegen hätte! (Es gibt noch andere Gründe - aber dazu aber später mehr - siehe auch: „Der Laptop Trick!) Er wird also allen anderen sofort vorlügen, dass „DU" schuld bist und dass „DU" keine Aussprache wolltest, und dass „DU" ein Monster bist und dass „DU" ihn geschlagen hast!

Er wird allen erzählen, dass „DU" dich weigerst, zu reden, was natürlich eiskalt gelogen ist! Und er wird allen erzählen, dass „DU" sehr brutal zu ihm warst, und dass er deswegen Angst vor dir hat, und deswegen nie wieder mit dir reden will! Und jeder wird es ihm glauben! Du siehst also: Der Kriminelle baut nun ein Lügengerüst um sich herum auf! Ein Gerüst, dass dich vernichten oder zumindest zum totschweigen verurteilen soll … und „ihm" den Freibrief gibt, mit dir tun zu können, was er will!

Nur Lügen und Lügen und Lügen! Und alle Lügen sind äußerst brutal und dreckig! Und alle sind gegen dich gerichtet! Nur gegen dich! Du hast keine Chance mehr!

Dass in Wahrheit „DU" tausendmal versucht hast, „ihm" zu schreiben und „ihm" hundertmal sehr freundlich und sehr sachlich geschrieben hast: „Lass uns doch bitte endlich miteinander reden!"… Wird in dem Umfeld, das von deinem Soziopathen geführt und belogen wird, nie jemand erfahren! Er belügt alle! Und am meisten belügt er die, die dich kennen! Und noch mehr belügt er die, die dich „gut" kennen, weil die ja kaum glauben können, das du (angeblich) ein so schlechter Mensch bist! Also muss er genau diese Personen mit äußerster kälte belügen! Was diese Personen in seinen Augen sind, wenn er sie so belügt, kannst du dir ja denken! Er hat dich belogen und er wird auch eure Bekannten belügen! Und zwar über dich und über das, was war! Und: Er wird sogar seine ganze Familie und seine Kinder belügen! Und zwar sehr heftig! Weil sie ihm in Wirklichkeit vollkommen egal sind! (Bedenke: Diese Kreatur, die du da vor die hast, ist äußerst brutal, kaltblütig und empathielos! Etwa so, wie die Aufseher im KZ!) Denn für „ihn" sind selbst seine Kinder nur „Untermenschen", die „er" zu führen und zu knechten hat! Und: Er wird jeden belügen, der über dich spricht oder nach dir fragt! Und zwar eiskalt!

Du wirst jedem ganz laut sagen, dass du nur dein Geld zurückhaben willst, aber keiner wird dir glauben und dich paradoxerweise als Lügner beschimpfen! Du kannst tausend Kontoauszüge und sonst was auf den Tisch legen, die den Diebstahl absolut beweisen! Du kannst ihnen erzählen, dass dein Partner nie zur Arbeit ging und er jetzt trotzdem im Besitz eines neuen Autos, eines Hauses, von teuren Möbel, einem gefüllten Bankkonto usw. usw. usw. usw. usw. usw., ist, und du kannst sie fragen, was sie denken, woher er denn das ganze Geld hat? Er kann es doch nie verdient haben!? … Aber keiner wird dir glauben! Sie alle werden sagen: „Man hat uns schon erzählt, was du für eine Drecksau bist! Hau ab, du dreckige Sau!" … Und das, diese ganzen Dinge, die jetzt so verlogen, so dreckig und so teuflisch brutal mit dir passieren … die bringen dich um!

Dein erster Selbstmordversuch wird irgendwo hier in dieser Phase stattfinden und wenn du es richtig machst, dann bist du erlöst und musst diese dreckige Schmach und diese brutale Vergewaltigung, die dir dieser Teufel jetzt bestialisch auf den Leib gebrannt hat, nicht ein ganzes Leben mit dir herumtragen! Aber vielleicht überlebst du auch und dann lebst du so weiter! Und denkst und denkst und denkst darüber nach, was passiert ist und über das, was diese Sau mit dir gemacht hat! Du kannst keine Nacht mehr schlafen! Du suchst dir zwei wunderschöne Holzprügel aus und bist so kurz davor, in dein Auto zu steigen und ein paar Leute zu besuchen! Einen nach dem anderen! … Und du träumst davon, dass ein Arzt dir irgendwann mal sagt: „Sie haben nur noch drei Monate zu leben! Erledigen sie bitte noch das, was sie hier noch erledigen müssen!" und überlegst dir jeden Schritt für jede Person ganz genau!

Diese absolute Ungerechtigkeit! Dieses dreckige und säuische Verhalten deines Soziopathen! Diese absolute Hilflosigkeit! Diese brutale Art! Wenn sogar der Rechtsanwalt zu dir sagt: „Keine Chance! Sie müssen diesem *** ihr Geld lassen! Der hat alles vom ersten Tag an so eingefädelt, dass er jede Gesetzeslücke voll ausnutzt!" … Das bringt dich dann um!

Du bist total am Ende! Total fertig! Hast dein ganzes Geld/Haus/Firma an diese Drecksau verloren! Schreist mitten in der Nacht Wörter aus dir heraus, die du vorher nicht einmal gekannt hast und die diesen Teufel bezeichnen, der dir das angetan hat! Aber: Und das ist unglaublich! Der Plan deines

Soziopathen, den er mit dir hat, der ist noch nicht fertig! Denn es geht noch weiter:

Dein Soziopath muss! dich zum Schweigen bringen! Er wird dich also in dieser Phase durch sein schweinisches Verhalten und seine dreckigen Nachrichten zur Weißglut bringen und darauf hoffen, dass du einen Fehler machst! Und du?! Du wirst ihn machen, diesen Fehler! Du! Wirst ihm wieder auf den Leim gehen und „du" wirst ihm die beste Vorlage geben, die du ihm nur geben kannst! Unweigerlich!

Du wirst schlecht über ihn sprechen, einen bösen Brief schreiben oder die Wahrheit über ihn erzählen, die dir sowieso keiner glaubt! … Und genau das! wird dein Soziopath dann als Vorwand nehmen, „sich" als das Opfer hinzustellen. Ja! Ob du es glaubst oder nicht: … Plötzlich wirst „du" (den man bestohlen hat) der Böse sein und „er" (der Dieb) wird das Opfer spielen!

Dein Ausbeuter! Der dich betrogen und belogen und so dreckig bestohlen hat, wie kein anderer! Genau „er" stellt sich nun in eurem kompletten Umfeld als das arme, arme „Opfer" dar und spielt diese Rolle… mit Bravour und natürlich sehr tränenreich. Und du … das eigentliche Opfer … wirst von allen, die dich kennen und kannten … geschnitten, gesteinigt und gekreuzigt werden! Sie werden dich verspotten, dich anspucken und Dinge über dich erzählen, die dir die Haare aufstellen! Und vor allem werden sie sagen, dass du lügst! Dafür sorgt „dein Soziopath" mit seinen Lügen! … Und niemand, niemand, niemand wird dir jemals mehr die Wahrheit glauben! …

Was in dieser „Phase" passiert, ist „ihm" von Anfang an absolut klar! Er weiß ganz genau, welche unsagbare Erniedrigung und

Vergewaltigung er dir antun wird, um an dein Geld zu kommen. Aber er macht es trotzdem. Aus Gier und aus Gier und aus Gier und aus Gier und nochmal aus Gier… Und natürlich auch noch aus einem zweiten Grund: Aus der boshaften Geilheit heraus, einen Menschen quälen und über ihn Macht ausüben zu können… Ja … Du hast schon richtig gelesen: Viele von diesen psychisch Kranken befriedigen sich daran, Menschen leiden zu sehen oder sie zu quälen … Ein Kollege hat mir erzählt, er kennt einen Soziopathen, der seine ganze Familie hält, als wäre sie Vieh. Der Ehepartner kriecht auf dem Boden und muss wirklich erst fragen, ob er das Haus betreten, verlassen, etwas essen oder mit jemanden reden darf. Dieser Soziopath ist Meister darin, Menschen zu quälen und Menschen fertig zu machen. Er hat vor seinen Bekannten frei und fröhlich erzählt, dass der seine Kinder aufgeklärt hätte, indem er ihnen sein Geschlechtsteil gezeigt hätte und weil man schon dabei war, mit ihnen ausgiebig Sex gemacht hat… Und weil es so schön war, machen sie das seit Jahren immer mal wieder. Ein jedes Mal, wenn er damit anfängt, einen unschuldigen Menschen zu quälen, zu foltern und zu berauben, beginnt er mit den Worten: „Mit dem mach ich ein Fass auf!" … Man hat mir gesagt: Wenn dieser Soziopath diesen Satz sagt … dann stirbt ein Mensch …

Der Mann hat mir dann Geschichten erzählt, die von so viel Menschenverachtung und Lügen handeln, dass es mir den Magen umdrehte! … In Wahrheit erinnert mich dieser Soziopath an die schlimmsten KZ Aufseher, über die ich jemals lesen konnte. Denn genauso, wie die Geschichten, die man über diese Bestien lesen kann, hören sich auch die Geschichten über diesen Soziopathen an!

Aber weiter im Text: „Du" bist für so einen Typen nur ein „Ding", das er sich schächten und ficken und ausbeuten wird! Über das er bestimmt und das er „benutzt" und dass er dann, wenn er sich genug an dir abgefickt hat, wegwirft, wie eine vollgewichste Blechdose!

Solche Wesen sind keine Menschen! Nicht einmal ein Vieh! So einer ist ein abartiges, asoziales, kriminelles und bestialisches Wesen ohne menschliche Züge! Ja… So einer macht das genauso, wie Vergewaltiger oder Kinderfänger das machen:

Du wirst gezielt ausgesucht! Dann wirst du belogen und betrogen und benutzt und dann wirst du weggeworfen. Und dieses „Abservieren" und „Wegwerfen" und dieses abrupte „trennen" innerhalb von Minuten, das dein Soziopath da mit dir durchführt … Dieses dich „innerhalb von Minuten von deiner gewohnten Umgebung und deinen Freunden trennen!"… Dieses „Umkehren" des Soziopathen, der „sich selbst" sofort als Opfer und „dich" sofort als den Täter hinstellt! … Das zerbricht dich dann. Weil du nichts getan hast! … Weil du absolut unschuldig bist! Im Gegenteil: Du hast sogar noch sehr viel für ihn getan!

Und „er" macht dann das mit dir! Dieses eiskalte Abservieren und dieses kaltblütige Stehlen deiner Sachen und deines Geldes!

Ja! Auch das ist ein eiskalter Plan des Soziopathen: Er plant und macht es so brutal und so kalt, wie er es nur kann, weil er dann hofft, dass du dich umbringen wirst, was ja sein Vorteil wäre! Denn im Moment des Abservierens weißt du nichts! Du verstehst überhaupt nicht, was jetzt überhaupt mit dir passiert! Du bist immer noch verliebt oder in einer freundschaftlichen oder geschäftlichen Beziehung mit diesem (dieses Wort wurde vom Autor gelöscht) und du glaubst ja noch immer an seine Ehrlichkeit und an die Lügen, die er dir aufgetischt hat … von Loyalität, Ergebenheit, Liebe, Heirat oder sonst was …

Der Soziopath lässt dich sogar noch Tage oder Stunden vor dem großen Finale im guten Glauben und sagt dir ununterbrochen, dass du sein bester Geschäftspartner oder seine „große Liebe" bist. Er fickt dich nochmal richtig durch und kauft sich schnell noch ein Auto oder ein sündhaft teures Möbelstück mit deinem Geld und schreit dich dann… nachdem du alles bezahlt hast… aus heiterem Himmel und ohne Grund an und wirft dich auf die Straße. Und während du jetzt in ein tiefes Loch fällst, checkt „er" durch, was er noch alles von dir holen könnte!

Deine Kreditkarte! Dein Amazon Konto! Deine Bauspar-verträge, (die du in der Eile des Hinauswurfs zurücklassen musstest!) Deine Bargeldreserven, die du auch zurücklassen musstest! Und vor allen Dingen: Deinen Laptop mit allen Zugängen zu deinen Accounts und zu deinem Online Banking! Und natürlich mit allen deinen Passwörtern, die du auf deinem Laptop gespeichert hast! (Ja, ja! … So eine „schnelle" Trennung hat halt mal seine Vorteile, nicht wahr, mein lieber, kleiner, fetter, gieriger und vor allem: Stinkender und kaltblütiger Soziopath?)

Was? Das glaubst du nicht? Du denkst, dass „er" jetzt sehr traurig ist, weil gerade eure Trennung stattgefunden hat? … Und dass „er" ja immer noch dein „Freund" ist und absolut korrekt ist und deinen Laptop niemals benutzen würde?

Nein, mein Lieber … weit gefehlt … Dein „Freund" ist nicht traurig! … Überhaupt nicht! Im Gegenteil: „Er" arbeitet jetzt eiskalt seinen Plan ab! ... „Er" ist jetzt eine absolut kalte Killermaschine und hat schon Minuten nach deinem Hinauswurf alle Hände voll zu tun:

➢ Er plündert sofort das gemeinsame Bankschließfach!

➢ Er versucht, deinen Geldfonds auf sich umschreiben zu lassen, weil er dabei war, als du ihn gegründet hast und ihn mit unterschrieben hat!

➢ Er plündert deine Bargeldreserven, die du im Schreibtisch deponiert hast!

➢ Er durchforstet den PC auf deine Passwörter!

➢ Er durchsucht deine persönlichsten Daten und Rechnungen und löscht alles komplett aus allen deinen Computern und deinen Datensicherungen, weil sie beweisen könnten, dass alles von dir bezahlt wurde und es deswegen dein Eigentum ist.

➢ Er löscht aus deinen Dateien und Festplatten alle deine persönlichen Fotos von Renovierungsarbeiten, Geschäftsausflügen, Immobilien, Reisen oder sonstigen Dingen, die beweisen würden, dass „du" die Wohnung/Haus umgebaut/ausgebaut/renoviert und alles bezahlt hast! ...

➢ Ach was ... Er löscht gleich alles! Auch deine Familienfotos, deine ganz persönlichen Erinnerungen, deine Daten, all deine wichtigen Dokumente! Einfach alles!

➢ Er benutzt deine Passwörter, um jetzt deine Mails zu lesen oder sich noch schnell drei Satz Druckerpatronen und eine sündhaft teure Kaffeemaschine oder einen Kindersitz und Winterreifen zu bestellen.

➤ Er löscht alle deine Passwörter und ersetzt sie durch seine eigenen, weil er weiß, dass du sie nur hier hinterlegt hast und sie nicht auswendig kannst! Und er weiß noch was: Ohne deine Passwörter wirst du nicht mehr in deine Accounts kommen, was „ihm" viel Zeit bringt! Und: Du wirst nie etwas beweisen können! Weil du ja nie mehr in deine Accounts kommst, in denen steht, dass „du" alles bezahlt hast!

➤ Er ändert das Passwort in eurem gemeinsamen Amazon /Ebay/Otto, usw. usw.) Account, weil er weiß, dass man darin nachvollziehen könnte, dass „du" etwa für 20 000 Euro Dinge für das Haus/Wohnung/die Autos/das gemeinsame Leben usw. usw. usw.) gekauft hast, die jetzt immer noch bei „ihm" sind und die er dir nicht herausgeben will!

➤ „Er" schreibt auf deinen (!!!) E-Mail Accounts ein paar original E – Mails an sich selbst, welche er später ausdrucken lässt und die er dann deinen Freunden zeigt und die dann unumstößlich „beweisen" sollen, welch ein großes Schwein „du" bist!

➤ „Er" lässt Kaufverträge für Autos und viele andere Dinge verschwinden und bestellt in Amazon noch schnell alles, was man braucht … dazu benutzt er natürlich wie immer deine Kreditkartennummer.

➤ Er versteckt dein Geld im Keller in Blechdosen oder lässt auf der Bank seine Rückzahlung des gemeinsamen

Kreditvertrages kündigen, (den ihr zusammen für eure gemeinsame Zukunft aufgenommen habt), so dass du diesen Kredit ab jetzt alleine zurückzahlen musst, usw. usw. usw. usw. usw. usw. usw. usw. usw. usw. usw. usw. usw. usw. usw. usw. usw. usw. usw. usw. usw. usw. usw. usw. usw. usw. usw. usw. usw. usw…

> Es gibt tausend Dinge, die er schon so lange geplant hat und die er dir jetzt antun wird! Eiskalt! Kaltblütig! Und absolut Bestialisch!

Bis du aus der letzten Stufe seines eiskalten Planes aufwachst, ist alles vorbei und der Soziopath hat nicht nur das Geld, das du ihm zur Aufbewahrung auf sein Konto überwiesen hast … Nein! … Er hat auch noch alles andere! Und jetzt? Jetzt beginnt dein nächster Alptraum: Du bist jetzt absolut pleite und hast keine Heimat mehr! Dann schreibst du deinem Soziopathen eine Nachricht, in der steht, dass du nicht mehr kannst und nicht weißt, wohin, und dass du dich umbringen willst! Und „dieses (dieses unsagbar passende Wort wurde vom Autor gelöscht)" schickt dir daraufhin ein Foto zurück, auf dem er mit dem Daumen nach oben zeigt und übers ganze Gesicht lacht! … Darunter schreibt er: „Gugg mal: Danke für das ganze, schöne Geld! Ich bin damit in Urlaub gefahren!!!!"

In dieser Phase verstehst du jetzt wirklich überhaupt nichts mehr. Dein bester Freund tut plötzlich sowas!? Dieser herzensgute und immer korrekte Mensch tut plötzlich so absolut dreckige und unglaublich verbrecherische Dinge mit dir, als ob er ein kaltblütiger Krimineller wäre, obwohl du ihm niemals etwas getan hast!?! Er tut plötzlich so ganz andere Dinge, als die, die er früher tat und für die er bekannt ist!? Er ist plötzlich so ganz, ganz, anders geworden, als wie er war, als er noch mit dir zusammen war!?!

Für dich ist es ungefähr so, als ob von einer Minute zur anderen ein Hurrikan über dich hereinbricht, und du verstehst nicht, warum? Du suchst die Schuld bei dir und du suchst die Schuld bei dir und suchst und suchst ... aber du findest nichts! Überhaupt nichts! ... Deine großartige Beziehung, deine große Liebe, dein absolut ehrlicher Geschäftspartner, dieser wundervolle und immer ehrliche Mensch, deine Firma, deine „neue" Familie, deine Freunde, dein Geld, dein Besitz, deine Wohnung, deine Autos, deine Bikes, deine Laptops, deine Möbel und deine Elektrogeräte! ... Alles, was du dir jemals aufgebaut hast! ... Es wird dir innerhalb einer Minute zur anderen und ohne eine Vorwarnung kaltblütig genommen und gestohlen und vernichtet! Und dazu stellt man dann d i c h sogar noch als denjenigen hin, der den „anderen" bestohlen hätte oder ihn geschlagen oder ihn beschimpft hätte! Man stellt dich als einen „Lügner" hin, als eine „Bestie" oder einen „brutaler Schläger", was du natürlich niemals! warst! ...

Und stell dir vor: Das glauben auch noch alle! Ohne nachzudenken! Und nicht nur das! Durch die Lügen deines Soziopathen glauben jetzt alle, das dein Soziopath (der dich gerade bestohlen hat, was ja keiner von den anderen weiß!) sogar noch das Opfer wäre, das du (!) so schlimm gepeinigt und zugerichtet hättest! ... Denn diese Opferrolle spielt er jetzt! Und er spielt sie vor all denen, die euch kennen! ... Und das mit bravuröser Schauspielkunst und natürlich mit vielen Tränen und wieder jammernd und schluchzend!

Für dich als wahres Opfer ist es eine furchtbare Situation der absoluten Erniedrigung, aus der so mancher keinen Ausweg mehr findet. Manche fangen an zu trinken, die anderen werden verrückt oder schneiden sich mit einem Teppichmesser die Haut auf! (Vergewaltigungsopfer, Kindesmissbrauch! Kein Ausweg mehr!) Wieder andere werden depressiv oder begehen einfach nur Selbstmord!

Nur ganz wenige tun das, was man eigentlich tun müsste: Sie schreien es heraus und klagen den Soziopathen an! Was für den Soziopathen natürlich das Schlimmste ist! Damit hat er nicht gerechnet! „Er", der Dieb, der Vergewaltiger ist es nämlich gewohnt, dass sein Opfer sich zurückzieht und still ist und heimlich für sich selbst leidet und weint! ...

Dein Soziopath ist jetzt ganz oben! Er hat dir alles gestohlen, was er dir stehlen konnte und suhlt sich wie eine Sau in der Freude, dass sein jahrelang an dir ausgeübter Plan so schön aufgegangen ist! Er hat jetzt alles, was er wollte und ist gerade dabei, dein komplettes Leben zu zerstören und dich umzubringen, damit du niemanden erzählen kannst, wie es wirklich war!

Und jetzt halte dich fest: Der Soziopath wird dir niemals etwas zurückgeben! Weil „er" fest davon überzeugt ist, dass sein Diebstahl „rechtens" ist! Weil er der „Übermensch" ist und „du" nur dazu da bist, um ihn zu „bedienen"! „Er" denkt ja sogar, dass es sein absolutes „Recht" ist, dir dein Geld und deine Güter zu stehlen, weil du als „Untermensch" ja sowieso nicht damit umgehen kannst und nur „er" der einzige und richtige Mensch ist, der die richtige Verwendung für „dein" Geld und „deine" Güter hat! ...

Und deshalb wird dieses (dieses Wort wurde vom Autor gelöscht), nicht stillhalten und schweigen, wenn du dein Maul aufmachst und das erzählst, was dieses (dieses Wort wurde vom Autor gelöscht) mit dir gemacht hat! Nein! Dieses (dieses Wort wurde vom Autor gelöscht) wird sofort an dir Rache nehmen, wenn du auch nur das Geringste von dem erzählst, was zwischen euch war! Und diese, seine Rache, glaube mir, die wirst du nicht überleben! Denn ein Soziopath ist ein kaltes Vieh, das von sich selbst auch noch glaubt, im Recht zu sein!

Er wird dich töten! Wenn du die Wahrheit über ihn erzählst, wird er dich töten!

Er wird deine Kinder und deine letzten Freunde umdrehen! Er wird ihnen Lügen auftischen, die niemals wahr sind. Er wird die Polizei und die Gerichte auf dich hetzten. Er wird in der Wachstube eine herzzerreißende Show abziehen, welche die Beamten dazu bringt, dich schon im Vorfeld zu verurteilen. Er wird alle Hebel, die er hat, in Bewegung setzten, um dich zu killen! Und sein größter Hebel wird der sein, den er am besten kann: Nämlich die absolute Lüge!

Ja … So oder so ähnlich können solche Geschichten laufen. So oder so ähnlich werden sie unter allen Opfern erzählt. Der Kern ist immer der gleiche: Aussuchen. Abchecken. Sich viel und alles bezahlen lassen. Dem Opfer das Geld abnehmen. Ficken und wegwerfen.

Dann das Umfeld umdrehen und das Opfer als Täter hinstellen! Dann sich selbst als das Opfer präsentieren und zusehen, dass das wirkliche Opfer (also du), das man vergewaltigt und bestohlen hat, das Maul hält! Dann Dinge tun, damit keiner dem wirklichen Opfer glaubt oder es sich am besten gleich selbst umbringt!

Oft geht es ums Geld! Aber auch um Sex! Der Soziopath, der dich ausnimmt, benutzt deinen Körper, um sich zu befriedigen und das macht er natürlich, ohne dass du es eigentlich mitbekommst! Weil du glaubst ja die ganze Zeit, es wäre „die große Liebe"! … Ja, mehr noch: Dein Soziopath suggeriert dir ja sogar noch: Es „wäre die größte Liebe, die es gibt!"

Ein Rechtsanwalt hat es uns so erklärt: „In diesen Fällen", sagt er, gibt es nur eine „feindliche Trennung". Der Soziopath wird immer! eine feindliche Trennung herbeiführen! Das heißt: Wenn ein Soziopath dich genug benutzt und ausgenommen hat und du mit dem Bezahlen fertig bist, dann wird er dich eiskalt hinauswerfen! Der, der ausgenommen wurde, wird dann sozusagen vom Soziopathen „entfernt" und es wird nicht mehr mit ihm gesprochen! Nur so ist gewährleistet, dass der, der das Geld gestohlen hat, nicht mehr über das Geld oder einen Finanzausgleich reden muss, der in fast allen solchen Fällen ja nur freiwillig erfolgen kann, weil es keine eindeutige gesetzliche Regelungen dafür gibt! … (Was der Soziopath natürlich ganz genau weiß … es ist ja schließlich die Grundlage seines Diebstahls … und das Opfer meistens nicht!) Ja! Genau diese Gesetzeslücke ist der Grundstein dieser Kriminellen! …"

Wahnsinn! Nochmal: Es gibt Wesen, die mit einem Menschen zusammenleben, von dem sie genau wissen, dass sie diesen Menschen ständig belügen, bestehlen, ihn sexuell ausnutzen, um sich zu befriedigen, und ihm irgendwann so weh tun werden, dass dieser Mensch sich vielleicht wegen ihnen   sogar umbringen wird! So ein Soziopath lebt mit diesem Menschen trotzdem schön zusammen, küsst und vögelt ihn und sagt ihm: „Ich liebe dich!" … Und führt ihn jahrelang bis zum Schafott. Diese (dieses Wort wurde vom Autor gelöscht) gehen also mit einem Menschen ins Bett und schlafen mit ihm und lassen sich küssen und sich alles schön von ihm besorgen und lügen ihm Monate oder Jahrelang was vor … Und währenddessen er unter oder über diesem Menschen liegt und Sex mit ihm macht und Liebe und Liebe und wieder Liebe schwört, weiß er ganz genau, dass er diesen Menschen, den er da gerade fickt, nur deswegen vögelt, damit er ihm das Geld abnehmen kann?!

Wahnsinn … Du vögelst monatelang mit einem Toten… den „du" ermorden wirst! … Und „du" weißt das ganz genau! … Wie kalt muss man sein, um so etwas zu tun?

Mit einem Menschen zu schlafen und ihm seine Liebe zu stehlen, obwohl man weiß, dass dieser Mensch in ein paar Wochen oder Monaten wegen dir durch die Hölle geht, aus der er sich nie wieder erholen wird! … Der Soziopath kann das. Weil er ein gefühlloses „Etwas" ist! Ein toxisches Wesen ohne Gefühl. Man nennt diese Leute „Soziopath", „Narzisst" oder „Pädophiler" oder „Psycho", weil sie empathielos sind! … Wir nennen sie: „(dieses wirklich außergewöhnlich schöne Wort wurde vom Autor gelöscht)" Diese Leute erinnern mich persönlich an Blutegel Spinnen und Ratten!

Nun … Irgendwann merkt aber jeder, was für ein Typ er ist und dann bleibt immer nur ein Scherbenhaufen zurück… Die Familien von Soziopathen können ein Lied davon singen. Immer wieder gibt es in diesen Familien menschliche Katastrophen, die sich immer wieder um diese eine Person drehen, welche immer wieder der Auslöser dafür ist … Was diese Person aber natürlich immer wieder abstreitet und sich sogar noch als das Opfer hinstellt! Es gibt einen schönen Spruch dafür. Er lautet: „Du wirst niemals die Wahrheit von einem Soziopathen (oder Narzissten) hören. Du wirst eine Geschichte bekommen, in der er entweder der Held ist … oder das Opfer… aber niemals der Böse …"

Merke dir: Ein Soziopath zerstört immer alles! Das ist der große Grundsatz! Ja… Ein Soziopath zerstört. Hinter ihm bleiben immer nur Trümmer zurück. Er hinterlässt geschundenen und missbrauchte Menschen, die sich wegen ihm in der Hölle wiederfinden oder sich umbringen wollen. Er, der Soziopath, findet das aber toll und schreibt dir sehr arrogant oder hochnäsig, wenn du ihm sagst, dass du dich ermorden willst, Zeilen wie: „Genieße doch deinen Garten! …" Oder er schickt dir einen lachenden Smiley auf dein Handy und sagt dir damit, wie gut er es findet, dass du dich wegen ihm töten willst. Ein Soziopath zerstört immer alles. Er zieht in seinem Leben eine Spur der Verwüstung hinter sich her. Er zerstört seinen Lebenspartner, seinen Ehepartner. Seine Kinder. Die Freunde seiner Kinder. Seine Familie. Seine Firma. Sein Umfeld. Seine Häuser. Seine Bekannten und auch seine Freunde.

Jeder, der mit einem Soziopathen zu tun hatte, ist gezeichnet für sein Leben. Jeder, der von so einem (dieses Wort wurde vom Autor gelöscht) angefallen wurde, ist fertig mit der Welt. Entweder, weil der Soziopath ihn benutzt, vergewaltigt und weggeworfen hat … oder weil er ein Leben lang einem Soziopathen unterwürfig ist und er von diesem kommandierenden (dieses Wort wurde vom Autor gelöscht) ein Leben lang als „Ja – Sager" und menschlicher Lakai missbraucht wird. Es gibt tausend Arten und tausend verschiedene

Mischungen von Soziopathen, Psychopathen und Narzissten. Sie zu erkennen ist niemals leicht, denn sie sind Meister der Schauspielkunst und der Lüge. Der Psychologe Hare hat es einmal so ausgedrückt: „Die eigene Familie erkennt den Soziopathen, Narzissten oder ein toxisches Elternteil lange Zeit so gut wie nicht. Weil die Kinder ja damit aufwachsen und nie etwas anderes erfahren, lernen oder sehen. Sie werden von diesem toxischen Elternteil zu einem Ebenbild erzogen und natürlich werden sie belogen. Sie sehen und erfahren die Welt immer nur durch die Augen dieser toxischen Person und werden somit zu Blinden, die die Welt nicht objektiv beurteilen können. Sie nehmen die Lebenseinstellung dieser toxischen Person an und beurteilen sie als „gut", weil diese Person dominant ist und die Kinder ja nie etwas anderes kennenlernen…

Wenn der andere Elternteil nicht toxisch ist, dann werden die Kinder immer dazu hingeführt, diesem anderen Elternteil nicht zu glauben. Der nicht - toxische Elternteil (der eigentlich die gute Erziehung in die Familie bringen könnte) wird vom toxischen Elternteil kaputt gemacht und als Lügner und böser Mensch hingestellt. Somit kann die toxische Person die Kinder alleine erziehen und wieder und wieder gefügig machen und sie zu ihrem Ebenbild erziehen, was im Sinn der toxischen Person ist. Denn diese ist absolut von sich überzeugt und will auch ihre Kinder zu einem „Übermenschen" machen … (was ja die toxische Person von sich glaubt, zu sein). Solche Kinder dürfen neben vielen anderen Dingen zum Beispiel nicht hilfsbereit sein, denn das wird als „Schwäche" ausgelegt. Den Kindern wird suggeriert, dass es gut ist, und sie werden gelobt, wenn sie andere Menschen durch ihre Lügen beherrschen, sie betrügen, sie in die Pfanne hauen, verraten oder ihnen etwas stehlen. Diebstahl wird als Mittel zum Zweck anerzogen, der nicht schlimm ist, soweit er „dir" (dem erzogenen Kind) einen Vorteil verschafft. (zum Beispiel ein kleiner Versicherungsbetrug usw.) Man erzieht das Kind zu einem Kleinkriminellen, der mit anderen Menschen alles machen darf und lobt es auch noch dafür, wenn es böse Dinge tut! … Oft endet so eine Erziehung aber in Zerstörung und Chaos.

Die Kinder erkennen instinktiv und mit der Zeit dann doch, dass mit der Mutter oder dem Vater etwas nicht stimmt und hängen, wenn sie älter sind, absolut in der Luft. Sie verstehen niemals, was mit ihnen gemacht wurde oder was eigentlich auch jetzt noch mit ihnen passiert. Viele dieser Kinder „brechen" dann aus, laufen davon, ziehen so bald als möglich aus ihrem Elternhaus aus oder wollen mit den Eltern nichts mehr zu tun haben! Es gibt nur noch Streit und Empathielosigkeit, die mit Schauspielkunst bei Familienfesten kompensiert wird. Eine toxische Person zerstört immer alles. Eine toxische Person lässt immer (!) einen Trümmerhaufen zurück!" Und er sagte: „Sehen Sie… Manche Menschen brauchen zehn Jahre, um so eine toxische Person, einen Narzissten, einen Soziopathen usw. zu erkennen. Ja… Zehn Jahre leben sie mit so einem Psychopathen zusammen und erkennen ihn immer noch nicht! Und glauben sie jetzt wirklich, so ein Soziopath wird von seinem Umfeld erkannt? Wenn dieses Umfeld, also die Personen, die mit ihm zu tun haben, diesen Soziopathen nur einmal in der Woche sehen? Womöglich zum Skatspielen oder bei einem Kinobesuch? Nein! Ein Soziopath tut sich leicht!

Er spielt der ganzen Welt den absoluten „Gutmenschen" vor und vergewaltigt noch in derselben Stunde ein Kind, ohne mit der Wimper zu zucken! …

Und niemand weiß davon und vor allen Dingen: Niemand glaubt dir das! Auch wenn das Kind es sagen würde! … Weil „er", der Soziopath, nach außen hin doch so ein „guter Mensch" ist, von dem man niemals glauben würde, dass er so etwas tun kann!

Kapitel drei: Der Kriminelle

Nun! … Zum Ende: … Warum übergibt man also so einem (dieses Wort wurde vom Autor gelöscht) sein ganzes Vermögen?

Noch einmal zurück zu der Zeit, in der du mit dem Soziopathen im „Höhenflug" warst und du noch geglaubt hast, dein Partner wäre ein ehrlicher Mensch und er würde die Beziehung mit dir bis in alle Ewigkeit weiterführen, was er dir ja fast täglich versprochen hat… In dieser Zeit des „Höhenfluges" vertraust deinem Partner mehr als dir selbst. Und das ist genau das, was der Soziopath durch seine Manipulationen in dir erzeugen will. Es ist „dein" Fehler, ein „guter" Mensch zu sein. Und es ist „dein" Fehler, ein „ehrlicher" Partner zu sein. Und: Es ist „dein" Fehler, jemanden zu glauben. Nämlich dem, von dem alle anderen… und du natürlich auch… glauben, dass „er" ein ehrlicher und korrekter Mensch wäre. Und wer jetzt sagt: „Wie konntest du das nur tun!?" … Dem sei gesagt: Genau dieses Verhalten kann man zu tausenden und abertausenden Male bei Ehepaaren, Freunden und Geschäftspartnern immer und immer wieder sehen. Es ist nichts anderes, als dieses absolute Vertrauen, dass sich ein altes Ehepaar gegenseitig gibt, welches schon seit über vierzig Jahren verheiratet ist. Auch du als Mensch bist irgendwann soweit, deinem „Geschäfts- oder Lebenspartner" so sehr zu vertrauen, als wäre er schon seit über vierzig Jahren mit dir verheiratet! … Und ja: …

Deine Tugenden wie Ehrlichkeit, Offenheit, Aufrichtigkeit, Gerechtigkeit, Barmherzigkeit, aufrichtige Liebe, deine Selbstlosigkeit, dein Miteinander, deine Hilfsbereitschaft, dein Teilen, deine Güte, deine Demut, dein Anstand, dein Respekt, deine Verschwiegenheit, deine Fürsorge, deine Freundschaft, deine Friedfertigkeit, deine Hilfsbereitschaft, deine Nachsicht… kurz: Deine „Menschlichkeit" sind genau die Schwachpunkte, an denen so eine (dieses Wort wurde vom Autor gelöscht) ansetzten und dich fangen, schlachten und schächten kann… Dafür hat er gesorgt. Er manipuliert dich täglich. Und zwar gezielt. In der „Hochphase" deiner Manipulation tust du alles für ihn. Du gibst ihm dein Geld. Deine Zeit. Deine Kraft. Dein Talent. Dein Geschlechtsteil. Deine Ideen. Du arbeitest für ihn.

Du arbeitest für seine ganze Familie. Du tust alles, was „er" will und was „er" dir sagt. Du willst sogar auf deine Träume verzichten, um „seine" Träume zu verwirklichen. Und du würdest niemals!!! niemals!!! und wirklich niemals!!! auch nur annähernd auf den Gedanken kommen, dass „er" nicht genauso ehrlich mit dir ist, wie du es mit ihm bist! Und du würdest niemals, niemals, niemals, niemals glauben, dass „er" dir einfach nur dein Geld stehlen will! Dazu kann der Soziopath einfach nur zu gut lügen und dir seine Ehrlichkeit (oder Liebe) vorspielen. Ja! ... „Du" siehst nur diesen „Heiligen" vor dir! Den besten Mensch der Welt, der keiner Fliege etwas zu Leide tun kann und den all lieben. Und du bist so stolz auf ihn! Denn „du" bist sein Freund! Und nur du! Bis zu eurem Lebensende werdet ihr zusammen sein, und genau „das" verspricht er dir ein jedes Mal wenn er seinen Schwanz aus dir zieht oder „sie" verspricht es dir, wenn sie vor Ekstase schreist: Los! Fester! Zeig mir was du kannst! Stoß zu! Los! Ja! Spritz mir alles ins Gesicht!" ... Du hast keine Chance! Du vertraust ihm (oder besser gesagt, seinen Lügen) so, wie man seiner Mutter, seinem Vater oder seinem Sohn vertraut! ... Schließlich bist du ja auch schon lange mit ihm zusammen und ihr seid euch so nahe wie du noch nie einem Menschen nahe warst. Und wenn man sich nach all diesen Jahren und nach all diese abnormalen Sexspielchen nicht blind vertrauen kann, wann dann?!

Dass „er" deine Ehrlichkeit und deine Gefühle eiskalt und schamlos ausnutzt ... glaubst du nicht mal, wenn es passiert ist und er dich hinausgeworfen hat! Das glaubst du erst Monate später! So sehr wurdest du von diesem (dieses sehr ... sagen wir mal „interessante"...Wort wurde vom Autor gelöscht) manipuliert und gesteuert! ... Ja! Er manipuliert dich! Mit Mimik,

Sprache, einem langen Schwanz, einer schönen Rosette und einer Tube Gleitcreme, mit Lack und Leder oder mit allem zusammen! Jeden Tag! Jede Stunde! Wann immer du willst, und vor allem: Wann immer du es brauchst! Er kennt deine Träume, weil er dich danach gefragt hat, und er erfüllt sie dir immer wieder. Er spreizt die Beine so weit wie kein anderer oder steigt über dich drüber, wann immer du es willst und so denkst du, „er" sei dein bester Freund und es würde nie etwas zwischen euch kommen! So tief und innig, wie ihr beide zusammen seid und wie „er" dir seine Liebe gibt und verspricht!

Das für einen Soziopathen sein „Körper" nur eine Art „Werkzeug" ist und er dir diesen Körper hinhält, wann immer du ihn brauchst, damit du blöd und blind bleibst! ... Das kapierst du in dieser Phase überhaupt nicht! Das sagt dir erst viel später ein Psychologe und drei Ärzte! ... Und sie erzählen dir zwanzig Geschichten über eine ganz normale und angesehene Frau, deren es vollkommen egal ist, wer da gerade seinen Schwanz in ihre Vagina oder in ihren Mund steckt und da drinnen abspritzt, solange viel, viel Geld oder sonst was für „sie" dabei rausspringt! Denn sie benutz ihre Vagina und alles andere nicht wie du oder ich! ... Nein! Für sie sind das „Werkzeuge", mit denen man sich viel Geld stehlen kann! - Und sogar noch mehr: Der Soziopath erfindet neue Träume für dich, die eigentlich „seine Träume" sind und die „er" erleben will! Und die „er" dir als „deine" Träume unterschiebt, um sie dann selbst erleben zu können! ... Ein E-Bike oder ein Motorrad zum Beispiel! Eine Reise nach Schottland oder Afrika! ... Was weiß ich!? Und du? „Du" wirst ihm diese Träume erfüllen und es fressen, dass es auch (weil er es dir sagt!) „deine Träume" sind

146

und (nur du!) wirst sie bezahlen und ihm die anderen (perversen) Träume abends im Bett wahr machen!

Und so machst du Reisen, die du sonst nicht machen würdest, gehst auf Konzerte, die dich eigentlich nicht interessieren oder hüpfst mit irgendwelchen perversen Sex - Spielzeugen und drei Totenschädeln im Schlafzimmer herum, weil dein toxischer Partner das so von dir so will!

Dein „lieber Partner und bester Kumpel" sagt dir jeden Tag, dass es ihm unsagbare Freude macht, weil du so ein guter „Freund" bist! Ja! ... Das sagt er dir jeden Tag und sooft du es brauchst! Er sagt dir, dass du sein Traumpartner bist und dass er für immer mit dir zusammen bleiben will und dass er mit dir alt werden möchte und dich heiraten will! Und er sagt dir auch, dass er dich niemals belügen, betrügen oder hintergehen wird, weil du sein bester Freund und sein „Überkumpel" bist, mit dem er Pferde stehlen will und dem er den schärfsten Sex machen kann, den man sich nur vorstellt! Und das ginge alles nur mit dir ... ja ... nur mit dir allein! ... Er hebt dich zum Supermann hoch! Und du glaubst ihm diesen Scheißdreck schon wieder! Dabei fickt er jedes Mal, wenn du nicht da bist, mit seinen alten Freunden herum! ... Und er sagt dir auch, er wäre so froh, dass er dich endlich gefunden hat, weil das Leben mit dir bis zu seinem letzten Tag bestimmt „ein Traum" für ihn sein wird und es bestimmt auch für dich ein Traum werden wird! Und es stimmt sogar:

Für ihn wird es wirklich ein Traum! Nämlich ein Traum vom Reichtum! „Er" kann sich ... nachdem er mit dir fertig ist ... mit deinem Geld alles kaufen, was er will! Für dich hingegen, wird es ein Alptraum, und ein Arzt wird dir (viel zu spät) sagen, dass du genau dieselben Symptome aufweist, wie ein Mensch, der brutalst vergewaltigt worden ist!

Ja ... Dein sauberer Geschäftspartner! Dein Liebhaber! Dein einziger und ehrlicher und wahrer Freund! ... So weit hat er dich gebracht! Du darfst ihn in den Arsch ficken und kannst ihm deinen Schwanz mit dem Scheißdreck dran sogar bis zum Anschlag in den Hals stecken und „er" animiert dich sogar noch dazu, dass zu tun! Du darfst deine Urlaubsträume oder deine Speisewünsche ausleben und „er/sie" reist mit dir dann dahin oder kocht für dich alles, was du willst!... „Sie" bläst dir einen unterm Autofahren oder „er" leckt dir deine Muschi, wenn du dich aus dem Fenster mit der Vermieterin unterhältst, ohne dass die etwas davon mitbekommt! Ja! Ihr beide seid ein unschlagbares Team!

Und ja! ... Du kannst alle deine Träume mit ihm ausleben! Und er lässt es nicht nur zu! ... Nein! ... „Er" ist es, der dir sagt, was man „noch alles machen könnte"! ... Und glaube mir: Er macht das auch mit dir! Hauptsache, du bleibst schön blöd! Und bleibst schön blöd! Und bleibst schön blöd! Und bleibst schön blöd! ...

Denn genau das ist sein Ziel: Sich jemanden zu richten, der ihm seine Lügen von der großen Liebe oder vom „ehrlichen" Geschäftspartner glaubt und der bereit ist, für gelogene Freundschaft/für das Geschäft/für die große Liebe zu arbeiten, das Geld zu geben und das zu tun, was er will! Dabei ist es vollkommen unrelevant, ob du ein Idiot bist, ein Ingenieur oder ein Professor der Quantenphysik mit einem IQ von 4000!

„Er/Sie" wird dich mit einer feuchten Muschi oder einem harten Schwanz und ein paar gelutschten Lügen überlisten! Du hast keine Chance! Und so schleppen ehrliche und gefühlsbetonte Menschen manchmal die schwersten Möbel in den dritten Stock, während die, denen das Zeug gehört, daneben stehen und sagen: „Danke, danke! Das hätte ich jetzt gar nicht gewusst, wie man so etwas macht! … Du bist so ein toller Freund!" Und sich dann umdrehen und dem Nächsten erklären, dass sie schon seit Tagen Bauchweh vor lauter Lachen über dich haben, weil du immer noch so blöd bist, und seinen Lügen glaubst und ihm hilfst und dir dein Kreuz für ihn kaputt machst!

Ja! … Das alles passiert und es passiert natürlich, ohne dass du es merkst! Nein! … Du merkst es wirklich nicht! Weil du ein Mensch bist! Einer, der an etwas glaubt und der Gefühle, also Empathie, besitzt! Im Gegensatz zu deinem Gegenüber, das eiskalt und gefühllos ist und ohne mit der Wimper zu zucken lügt oder sogar über Leichen geht, wenn ihm das was hilft. Wenn dein soziopathischer Manipulator gut ist, kann es sein, dass du jahrelang neben ihm lebst, ohne ihn wirklich zu erkennen. Und ja … genau deswegen überweist du ihm auch dein komplettes Vermögen: Und wenn du dann etwas Schriftliches von ihm haben willst … Dann fängt dein „Soziopath" oder „bester Freund"… plötzlich jämmerlich an zu weinen und sagte Dinge wie: „Etwas Schriftliches? Was? Mein Freund…? Wegen deeeem bisschen Geld? Wie kann nur so ein bisschen Geld zwischen uns stehen? Mein Freund! Verstehst du nicht, dass mir damit sehr weh tust? … Ich dachte, du vertraust mir …" Oder: „Ich weiß jetzt gar nicht, was ich sagen soll? Ich bin so enttäuscht von dir, dass du da was Schriftliches von mir haben willst? Vertraust du mir denn nicht? Mein Freund! Ich bin es! Ich bin der, der immer zu dir steht! Ich bin der, der dich liebt, so, wie du bist und der alles für dich tut! Der auf dich schaut und der dich auffängt, wenn du in Schwierigkeiten bist! Ich bin es! Dein Freund! Der immer nur das Gute für dich will!… Vertraust du mir denn nicht …?

Und so wirst du wieder manipuliert und tust alles, was dein „Partner" von dir will … Und du? Du schaust sogar noch zu, wie dein Soziopath dich ausnimmt. Der Soziopath zeigt dir sogar noch die Zahlen auf seinen … Verzeihung… auf „euren gemeinsamen" Kontoauszügen! Wie sie mehr und mehr werden und er sagt dir sogar noch, dass es DEIN Geld und DEINE Überweisungen sind, die du da siehst! … Und er sagt dir auch, dass diese Überweisungen SEIN Konto (das er dir immer wieder als „euer gemeinsames Konto" vorlügt) füllen und aufwerten werden! …

Du würdest nie, nie, nie, nie, nie, nie, nie, nie, nie und nochmals nie daran denken, dass dich dein „Partner" (der die angeblich so sehr liebt!) nur abzocken und ausnehmen will! Niemals! Weil du per Handschlag mit ihm ausgemacht hast, dass es „euer gemeinsames Konto" ist und das „er" dir dein Geld nur dort verwahren und aufheben wird, bis du (zum Beispiel) geschieden bist und ihr beide dann endlich heiraten könnt! – (wobei Soziopathen in dieser Hinsicht natürlich auch jede andere Lüge erfinden werden, Hauptsache, sie funktioniert …) Du würdest nie, nie, nie, nie, nie, nie, nie, nie, nie und nochmals nie auf die Idee kommen, dass er dir dein Geld, wenn du es ihm erst einmal überwiesen hast, niemals mehr wiedergeben wird! Niemals!

Er sagt: „Wir zwei! Du und ich! Freunde fürs Leben!" Und du glaubst ihm diesen Scheißdreck schon wieder und sogar noch ein bisschen mehr und zahlst und zahlst und zahlst. Es kommen jeden Tag Sprüche wie: „Wenn ich dich nicht hätte, wüsste ich nicht, wie es weitergehen soll!" Oder: „So einen wie dich finde ich niemals mehr wieder! Du bist perfekt!" Oder: „Es ist so schön dich zu haben. Auf dich kann man sich immer verlassen. Du hilfst mir immer wieder!" Oder: "Ich bin sooooooooooo froh, dass ich dich gefunden habe!" Oder: „So einen wie dich gibt's nur einmal für mich auf der ganzen Welt! Wir passen perfekt zusammen."

Und ja! Ganz genau: Diese Sprüche bekommen, wenn du später einmal bei einem Rechtsanwalt sitzt und die Wahrheit erkennst, plötzlich einen ganz neuen Sinn … Es ist schon klar: „So einen (Deppen) wie dich finde ich nie mehr wieder" … usw., usw., usw., usw. …

Kapitel vier: Das Resümee!

Jetzt verstehst du vielleicht, wie es zugeht, dass ein normal entwickelter Mensch mit Gefühlen, Glauben und eigentlich gutem Verstand einem Psychopathen so sehr vertrauen kann, dass er diesem (dieses Wort wurde vom Autor gelöscht) sein ganzes Vermögen überweist, ohne darauf zu bestehen, ein Schriftstück zu bekommen, dass erklärt, dass es DEIN Geld ist, das „DER DA" auf seinem Konto oder in seinem Tresor hat.

Am Ende sitzt du dann mit einem etwa vier Zentimeter dicken Stoß von Überweisung - Ausdrucken der Größe DIN A4 bei einem Rechtsanwalt und musst dir sagen lassen, dass diese Kontoauszüge keine Beweise sind. Und dass es keine Möglichkeit mehr gibt, dein Geld oder die Sachen, die du bezahlt hast, jemals wieder zurück zu holen, weil jemand wirklich alles vom ersten Tag an so geplant hat, dass es nur für „ihn" passt und nicht für dich! Und dass „du" derjenige bist, der zwar alles bezahlt hat, aber trotzdem nichts davon bekommen wird, wenn der „andere" das nicht freiwillig und ehrlich hergibt! Jede Rechnung, jeder Kassenzettel, jedes Stück Papier, auf dem steht, dass du etwas für eure „Firma", eure verlogene „Lebensgemeinschaft" oder eure verlogene „gemeinsame Zukunft" gekauft hast, und „du" es bezahlt hast, wurde vom ersten Tag an auf s e i n e n Namen ausgestellt und die Unterlagen dazu sind in s e i n e n Aktenordner verschwunden! Du hast keine Chance mehr.

Auch wenn du absolut sicher bist, das ihr das tausendmal „gaaaanz ehrlich" abgesprochen habt und dein „bester Freund oder Partner" dir tausendmal das Versprechen in die Hand gab, dass du im Falle einer Trennung alles, aber wirklich alles bis zum letzten Cent wiederbekommen wirst, was dir gehört! … Dann kannst du das alles vergessen… denn: Du kannst es nicht beweisen! … Nein … Du kannst nichts beweisen und der Kriminelle wusste das von Anfang an! Und genau deshalb hat er dir auch all diese Versprechen gegeben! Genau deshalb ist er vor dir gekniet und hat seinen Mund gespitzt oder hat sich für dich jeden Tag auf das Bett gelegt, damit du seinen Schwanz schön genießen kannst … Das alles hat er dir manipuliert und suggeriert. Er hat es vom ersten Tag eures Kennenlernens an so geplant und dazu hat er dich gezielt und kalt und kriminell aus verschiedenen Personen ausgesucht. Du hattest keine Chance!… Nicht weil du blöd bist. Nein …

Sondern weil du ein Mensch bist! Ein Mensch, der gegen so ein (diese Worte wurden vom Autor gelöscht) und seine Lügen nicht bestehen kann! … Und dass der, der das mit dir gemacht hat, einfach nur (Zitat eines Rechtsanwalt: „ein „wahrscheinlich gefühlloser Krimineller ist, der dir dein Geld gestohlen hat…") das weißt du jetzt auch! Du sitzt dann da und schaust dem Rechtsanwalt sprachlos ins Gesicht ... Und dieser Rechtsanwalt... der lacht nicht einmal und sagt zu dir: „Ja, mein Lieber... man kann es schon verstehen... wenn man ihre Geschichte so hört... so brutal und so kalt habe ich das selten erlebt... Und ich weiß auch, an was sie gerade denken: Es wären fünfzehn Jahre, die sie dafür absitzen müssten!"

Nun...

Das Resümee: Wenn du ein guter Mensch bist, dann pass auf dich auf! Denn so etwas kann auch dir passieren. Es ist sogar sehr wahrscheinlich, dass es dir passiert! Es kann jeden treffen, der an Liebe, Ehrlichkeit, Partnerschaft und Freundschaft glaubt und diese Dinge auch lebt. Denn genau diese Menschen ... mit diesen guten Eigenschaften ... sind das ideale Opfer für einen Soziopathen, einen Narzissten oder einen Psychopathen. Solche wahren Menschen werden von diesen Tieren gezielt gesucht und selektiert. Zum Beispiel im Internet, in einem Freundschaftsforum, oder sonst wo ... Passt also auf euch auf und glaubt niemanden, der euch schon im dritten Chat danach fragt, welchen Beruf ihr habt und wo ihr arbeitet!

Denn der will nicht wissen, was du bist! ... Nein!... Der will wissen, was du hast!

Kapitel fünf: Versuche, dich zu schützen!

Pass auf: Auch wenn du ein Leben lang alleine bleibst: Nimm das lieber in Kauf, als einmal in deinem Leben an so eine Sau zu geraten. Denn dann ist dein Leben vorbei. Es dauert Jahre oder Jahrzehnte, bis du wieder einigermaßen das bist, was du vorher warst. Ganz genau der, der du vorher warst, wirst du sowieso nie wieder sein. Und selbst nach Jahren wirst du manchmal noch nachts aufwachen und schreien: „Du (dieses Wort wurde vom Autor gelöscht)! Du dreckige (dieses Wort wurde vom Autor gelöscht)!"… um dann die Nacht in Dunkelheit am Küchentisch zu verbringen und über Mord und Totschlag nachzudenken… Und natürlich auch über deinen Selbstmord…

Also: Auch wenn du noch so sehr nach Liebe suchst … Prüfe jeden ganz genau, der sie dir geben will … Lass niemand einfach an dich ran und falle somit niemals auf die herein, die hier in diesem Buch beschrieben sind. Meidet diese „Personen". Geht weg von ihnen. Sprecht sie nicht an. Besucht sie nicht. Schickt sie in die Einsamkeit und tut keinen Handgriff für sie, auch wenn sie euch noch so sehr darum bitten oder noch so sehr vor euch weinen und euch einwickeln und euch manipulieren wollen! Spuckt sie an. Spuckt ihnen ins Gesicht. Sagt jedem in eurem Umfeld, dass dies ein dreckiger, empathieloser Dieb und Vergewaltiger ist, der das und das und das mit euch gemacht hat, denn nur so könnt ihr euch vor diesen Tieren schützen! Glaubt kein Wort von dem, was sie euch sagen! Sie werden Geschichten erfinden, und werden euch absolut plausible Zusammenhänge erklären, die auf den ersten Blick absolut logisch sind, aber in Wirklichkeit ganz genau andersrum passiert sind. Sie werden von ihren Horror-Taten ablenken und diese beschönigen. Sie werden vor euch weinen und jammern und sie werden euch erklären, dass „sie" Opfer sind und sie werden damit eure Helferinstinkte anbohren und aktivieren wollen… Glaubt ihnen nicht! Glaubt ihnen kein Wort! Scheißt ihnen ins Gesicht! Denn mehr haben diese Säue nicht verdient! Diese empathielosen

155

Tiere belügen alle. Sie belügen dich, mich, ihre Ehepartner und selbst ihre Kinder und Familien. Es sind Tiere ohne Gefühl. Gebt ihnen keine Chance! Zeigt mit dem Finger auf sie hin, wenn ihr sie erkannt habt und sagt es jedem: „Der dort ist ein Krimineller! Ein Soziopath!"

Meidet sie und schickt sie in das, was sie am meisten hassen. In die Einsamkeit! Schickt sie in eine Zeit, in der sie niemanden mehr kommandieren oder befehlen können. Schickt sie weg, wenn sie zu euch kommen. Geht ihnen aus dem Weg! Und geht nicht hin, wenn sie euch einladen! Ich wünsche jedem Menschen (ich spreche bewusst von Menschen), dass euch so etwas nie passiert, was denen passiert ist, die mir ihre Geschichten erzählt haben. Typen, die so etwas mit euch tun, nennt man Psychopathen, „Narzissten" oder „Soziopathen". Wir nennen sie:

Monster!

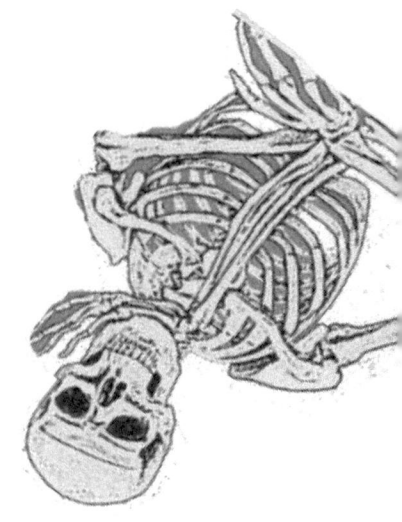

Worte

Narzisst   Soziopath
Pädophiler   Parasit   faules Schwein   Lügner
Vergewaltiger   Ficker   Seelenmörder
Schwein   Fotze   Lügner   Monster   Sau   Bitch
Hure   Hurenbock   dreckiger Dieb   Stecher   Drecksau
Säue   Schweine   Kinderficker   Saufotze
Mörder   Kröte   Vieh

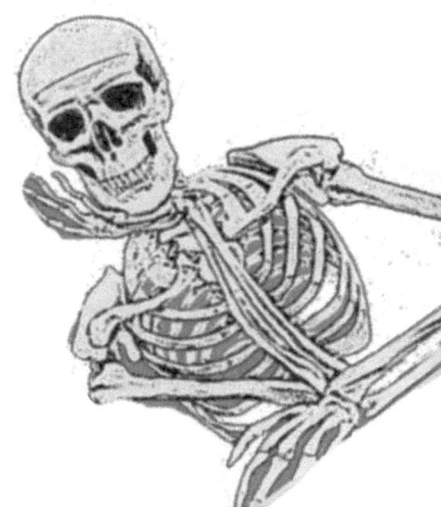

Interview mit einem Narzissten

Interviewer: „Hey, Narzisst!"

Narzisst: „Ja?"

Interviewer: „Los! Sag was!"

Narzisst: „Äh … ja!"

„Was soll ich denn sagen? Das ist nie passiert!

Und wenn es passiert ist, dann ist es nicht so schlimm!

Und wenn es doch so schlimm ist,

dann ist es nicht meine Schuld!

Und wenn doch, dann habe ich es nicht so gemeint!

Und wenn doch... dann bist DU schuld!

DU!

DU! DU! DU!

JA! - DU!

(Aus dem Internet - Verfasser unbekannt)

Irma

(Name vom Autor geändert)

Ich kenne eine Frau. Sie heißt Irma und wohnt in einem kleinen Dorf in Niederbayern. Früher sind wir manchmal zusammen Motorrad gefahren. Irgendwann kam sie an einen Narzissten. Der hat sie dann jahrelang betrogen, belogen, sie benutzt und sie ausgenommen. Er hat Irma jeden Tag die ewige Liebe geschworen und sie eingewickelt. Sie wäre damals ohne mit der Wimper zu zucken für diesen Mann durchs Feuer gegangen. So sehr hat sie ihn geliebt und so sehr hat er sie manipuliert. Ja … die Irmi … Sie hat alles für ihn getan! Alles! … Sie dachte: „Ein einziges Mal will auch sie jemanden haben, der wirklich ihr Freund ist!" Das war ihr Traum! Ihr großer Traum! … Und diesen Traum hat „er" ihr eiskalt vorgelogen, und sie, als sie ihm auf den Leim ging, zum Ficken und zum Bezahlen abgerichtet!

Er hat sich ihr gegenüber wirklich als ihr „bester Freund" benommen und sich auch genauso dargestellt! Er war respektvoll, aufmerksam und liebevoll und zärtlich zu ihr! Hat ihr jeden Tag erzählt, dass er „immer für sie da sein wird" und dass sie „bald heiraten" werden! Er sagte ihr jeden Tag, er stünde immer zu ihr! … Egal, was kommt! … Und sie? Als er sie hörig manipuliert hatte, durfte sie ihm den Schwanz lutschen, sein Sperma schlucken und seine Autos bezahlen! Das nannte er dann „Sex" und „zusammen was aufbauen"!

Sie waren sechs Jahre zusammen! Er war ein Schwein und betrog und belog sie nach Strich und Faden! Sie glaubte ihm seine Lügen und war ihm deswegen vollkommen hörig. Er rief sie kurz vor Feierabend vom Büro aus an und sagte ihr, sie soll sich „herrichten", weil er heute so viel Stress gehabt hat! Er müsste sich „entspannen"! ... Als er zu Hause kam, ging sie ihm entgegen und sagte, dass das Essen auf dem Tisch stehen würde. Da fasste er ihr in den Schritt und schrie sie an, was das soll? Sie wäre ja noch nicht einmal richtig nass! Wo er ihr doch gesagt hätte, sie solle sich „herrichten und bereit machen"!

(Nicht gelogen! Und wirklich die Wahrheit! – genau solche Bestien verbergen sich hinter dem „Gut - Mensch - Mantel" eines Soziopathen!)

Als er ihr dann ihr ganzes Geld und das gemeinsame Haus abgenommen hatte und Irma für ihn wertlos war, da hat er sie innerhalb von ein paar Stunden einfach nur rausgeschmissen! Er hat sie weggeschmissen, abserviert und auf sie draufgeschissen!

Wie aus heiterem Himmel hat er sie plötzlich angeschrien, sie auf dem Küchentisch vergewaltigt, sie abserviert und halbnackt vor die Tür geworfen! Sie hatte ihm   n i c h t s   getan! Sie hatte auch   n i c h t s   böses zu ihm gesagt! Nichts! Er schrie sie einfach nur aus heiterem Himmel an und vergewaltigte sie!

Sie dachte noch, das wäre ein Alptraum, der gleich aufhört! Aber es war Wirklichkeit! Als er fertig war, wischte er sich ab, warf er sie aus dem Haus, sperrte die Tür zu und machte nie wieder auf! Er behielt einfach alles, was Irma gehörte! Ihr komplettes, persönliches Eigentum und vor allem: All ihr Geld! Später versuchte sie, an ihr Geld zu kommen! Aber der Rechtsanwalt gab ihr keine Chance! Ihr „toller Freund" hatte ihr alles so vorgelogen, dass sie „rein rechtlich" gesehen, nicht beweisen konnte! Sie konnte nicht beweisen, dass das Geld im Schließfach „ihr" gehörte oder die Bezahlungen der horrenden Rechnungen fürs Haus nicht als „Schenkung" erfolgt sind! Sondern per

Handschlag als Vertrag! Sie hatte verloren! Ihr krimineller „Freund" hatte alles so eingerichtet, dass Irma keine Chance hat, nachdem er ihr das Vermögen nimmt!

Der Rechtsanwalt sagte später: „Bei einer Ehe ohne Trauschein gibt es keine gesetzlichen Regelungen! Was bei der Trennung mit den Sachen und mit dem Geld passiert, dass sie zusammen erwirtschaftet haben, oder dass einer von euch im Schreibtisch gelagert hat, das liegt allein bei ihnen! „Sie" müssen das miteinander ausmachen! Wenn natürlich einer von euch nicht will, oder, so wie in diesem Fall, einer von euch es von Anfang an so eingerichtet hat, dass am „Ende" der andere rechtlich gesehen nichts gegen „ihn" machen kann, dann kann er dem anderen ganz einfach alles stehlen! Das passiert immer wieder!

Solche Diebstähle kann man vor Gericht nicht beweisen! Und diese Kriminellen wissen das natürlich! Ja! Ich möchte sogar sagen, dass es da draußen Personen gibt, die das ständig und mehrmals in ihrem Leben betreiben und vorsätzlich planen und sich ein Opfer suchen, an dem sie diesen Diebstahl dann durchführen! Das sind also wirkliche Kriminelle, die das professionell machen! „Ihr Typ" gehört wahrscheinlich auch zu denen! Das erkennt man daran, wie er alles vorbereitet hat! Schon seit Jahren! Und wie dreckig und arrogant er sich jertzt verhält! Denn „er" weiß ja absolut ganz genau, dass wir ihm nicht ans Leder können!

Ihr „Freund" hat ja bereits zwei andere Personen das Geld gestohlen! Das wissen wir ja mittlerweile! Dazu gibt es ja genügend Zeugenaussagen! Eine von diesen bestohlenen Personen hat ja sogar diesen langjährigen Selbstmord verübt! Eben wegen ihrem "Freund"! Auch das wissen wir alle! Aber wir können nichts gegen ihn machen und bitte behaupten sie das mit diesem „vorsätzlich hingeführten" Selbstmord nie in der Öffentlichkeit! Es ist zwar die absolute Wahrheit, dass er daran schuld war, aber wir können es nicht beweisen! „Er" könnte sie dann anzeigen! Eben wieder darum, weil wir diesen „Mord", den „er" durch seine dreckigen Taten vermeintlich begangen hat, nicht beweisen können! …

Irma war vergewaltigt, erniedrigt und pleite… Das alte Spiel der kriminellen Soziopathen hatte wieder einmal funktioniert! …

Ja! … Wie aus dem Nichts hat er ihr einen Arschtritt gegeben und sie auf die Straße geworfen. Dann hat er auf sie gespuckt und sie dann noch überall schlecht gemacht. Eine Woche später ist er mit Irmas Geld dann in Urlaub gefahren. Das hat Irma das Genick gebrochen. Das ein Mensch so eine dreckige Sau sein kann. Nach Wochen haben sie Irmi gefunden. Weil sie sich nicht mehr gemeldet hat, sind sie zu ihr gefahren und sind mit dem Zweitschlüssel in das Zimmer gegangen, in dem sie jetzt gewohnt hat. Sie saß unter einem Tisch und hat nur noch mit dem Kopf gewippt und immer nur gesagt: Nie mehr! Nie mehr! Nie mehr! Nie mehr! Nie mehr! Nie mehr! Nie mehr! Nie mehr! Nie mehr! Nie mehr! Nie mehr! Nie mehr! Nie mehr … „Nie mehr lieben … Nie mehr lieben… Nie mehr lieben… Nie mehr lieben …"

Ihre Freundin hat sie dann ins Auto gepackt und nach Mainkofen gefahren. Da hatte sie schon sechzehn Kilo Gewicht verloren. Sie kam dann in die geschlossene Abteilung … In die Abteilung für die Suizidgefährdeten.

Heute ist Irmi wieder zu Hause. Ganz normal. Aber eigentlich ist sie tot. Sie lacht nicht mehr. Sie spricht nicht mehr. Sie kocht nicht mehr. Sie tut gar nichts mehr. Das ist jetzt fünf Jahre her… Ich habe sie besucht. Der alten Zeiten willen. Sie hat gesagt… „Nie mehr! Nie mehr! Nie mehr! Nie mehr! Nie mehr! Nie mehr! Nie mehr lieben! Nie mehr lieben! Nie mehr lieben! Nie mehr lieben! Nie mehr lieben!"… Dabei hat sie geweint. Sie weint seit fünf Jahren.

Den Narzissten gibt es immer noch. Er hat mittlerweile eine neue Freundin, der er Tag für Tag erzählt, wie sehr er sie liebt und dass er für immer bei ihr bleiben wird und dass sie bald heiraten werden. Er hat sich von Irmas Geld ein Auto gekauft und überall herumerzählt, dass Irma ein schlechter und böser Mensch wäre, mit dem man nicht reden kann. Dabei hat er ihr nie ein Gespräch angeboten. Ganz im Gegenteil. Er hat sie einfach nur benutzt, gefickt, ihr das Geld gestohlen und sie dann weggeworfen … Wie ein Ding, das man benutzt und das man nicht mehr will. Der Narzisst lacht und lebt und ist guter Dinge. Er fliegt zu den Malediven und nach Israel. Säuft Wein und Bier und vögelt alles, was ihm vor die Flinte kommt … Er ist sich keiner Schuld bewusst. Jeder glaubt ihm. Weil er allen Menschen seit Jahren immer wieder den „guten Menschen" vorspielt und alle belügt. Er ist in den Augen der anderen „der beste Mensch" und jeder sagt: „Das kann doch gar nicht sein, dass „der" sowas machen würde?! … Nein, nein … Das glaub ich nicht! Das war bestimmt die Irma! Die Irma lügt! Weil die es nicht verwinden kann, dass er sich von ihr getrennt hat! Das ist doch alles nur gelogen von der Irmi! Ihr „Freund" ist doch so ein guter Mensch und jetzt macht die Irma ihm solche Szenen! Der arme, arme Mann! Was der jetzt aushalten muss! …

Dabei ist dieser arme, arme Mann natürlich die letzte Drecksau, die es gibt! Dass nämlich die Irma schon lange nicht mehr um

163

dieses Schwein trauert sondern nur noch um ihr Geld kämpft, das sieht niemand! Ja! Sie will ihr Geld zurück! Dass sich das, was dieses Schwein durch Lügen unterschlagen und gestohlen hat, zurückholen! ... Und genau d a s erzählt „er" natürlich niemanden! „Er" hat Irma sogar noch kurz nach dem Rauswurf 5000 Euro überwiesen! Diesen Überweisungsbeleg zeigt das Schwein jetzt bei allen Bekannten herum und behauptet: „Es wäre mehr als genug, was Irma von ihm bekommen hätte! Damit wäre alles, was „sie" in die „gemeinsame Zukunft" eingebracht hat, abgegolten! Und „er" der „Menschenfreund" wäre ja eh so großzügig gewesen!" ...

Aber dass alleine die beiden Autos oder die Couch schon fünfmal mehr gekostet haben, als 5000 Euro, und Irma das alles bezahlt hat, und ihr „Freund" ihr das alles gestohlen hat! ... Das erzählt „er" natürlich niemandem! Weil „er" nämlich eine dreckige, kriminelle Drecksau ist, die nach ihrem Diebstählen immer alles verschleiert und immer alles so vertuscht, dass niemals jemand an sie ran kommt! Außer mit einem Holzprügel natürlich! Aber wer macht denn schon sowas?

Die Irma lebt weiter. Aber eigentlich ist sie tot. Sie weint sehr oft und ihre Seele, ihr Herz und ihr Geist wurden für immer zerstört. Für eine Beziehung sagt sie ... oder einfach nur eine Freundschaft... hat sie irgendwie keine Kraft mehr. Irgendwie will sie das nicht mehr. In ihr ist alles tot. Sie hat nur noch Angst und kann kaum noch schlafen... Dieser Mann hat alles in ihr zerstört. Er hat ihr alles genommen und sie „tot" gemacht. Sie traut heute keinem mehr und wenn jemand an die Haustüre kommt, dann macht sie manchmal nicht auf. Sie sitzt dann in der Ecke im Schlafzimmer und bittet Gott darum, dass diese Menschen wieder gehen sollen. Sie war schon mehrmals in

Mainkofen. Aber irgendwie geht dieses Gefühl, vergewaltigt worden zu sein, nie wieder weg. Das hat ihr dieser Narzisst... oder sagen wir besser, dieser Soziopath... angetan. Er hat sie sechs Jahre lang bewusst und gezielt und geplant vergewaltigt, ihr das Geld gestohlen, sie belogen, sie weggeworfen und kaputt gemacht. Und glaube mir: Das ist kein Einzelfall. Da draußen rennen Millionen solcher Monster rum...

Pass also bitte auf dich auf. Es gibt Frauen und Männer, die so sind. Es gibt junge und alte. Die Älteste von der wir wissen, dass sie so ist, wird irgendwann achtzig werden. Und der Jüngste ist siebzehn. Pass also auf dich auf. Dieses Buch soll dir dabei helfen ... Und solange es diese toxischen Monster gibt und du Gefahr läufst, einem von ihnen zu begegnen, wäre es wohl das Beste, die Menschen würden das machen, was Irmi so schmerzhaft gelernt hat:

Nie mehr lieben... Nie mehr lieben... Nie mehr lieben... Nie mehr lieben... Nie mehr lieben... Nie mehr lieben...

Du dreckiges Monster!
Wie kannst du einem Menschen nur so weh tun!?
Ja! Du!
Du verlogener, dreckiger, stinkender, asozialer D i e b !

Der Schließfach - Trick

Wir belauschen ein Gespräch zwischen einem kriminellen Soziopathen und seinem dummdämlichen Helfer. Das Gespräch dient dazu, einen Geschäftspartner des Soziopathen um sein Vermögen zu bringen. Kurz gesagt: Es dient dazu, um Geld zu stehlen. Das Gespräch verläuft zwischen zwei Personen, die sich seit sehr langer Zeit kennen und die sich sehr vertraut sind. „Person 1" ist die, die stehlen will, „Person 2" ist die, die Beihilfe leisten soll. Person 2 ist unselbstständig, leicht dümmlich und ist von Person 1 schon seit Jahren in die geistige Abhängig manipuliert worden. Hier kommt der Sprachverlauf:

Person 1: So, jetzt pass mal auf … Warum du heute hier bist! Also… es ist so: … Ich habe in letzter Zeit beobachtet, dass mein Partner sehr viel Geld in einem Briefumschlag in unserem gemeinsamen Schreibtisch in der Firma deponiert hat… Keiner weiß von diesem Geld! … Es ist ziemlich viel und …. naja … wie soll ich es dir sagen … nun … ganz einfach: Ich will dieses Geld haben!

Person 2: Aber … du kannst doch nicht?

Person 1 fällt ihm ins Wort: Und ob ich das kann! Es ist wirklich viel Geld! … Du weißt, dass er viel Geld hat! Auch du hast schon von seinem Geld profitiert! Du und deine Familie auch! Sogar sehr! Also halt dein blödes Maul … Ich sage dir: Ich will dieses Geld! „Wir" wollen dieses Geld! „Du" und „ich"… wir wollen dieses Geld, weil wir es brauchen!

Person 2: Aber … Das kannst du doch nicht machen! Er hat uns doch sowieso schon so viel gegeben. Und ständig hilft er uns … du kannst doch nicht…

Person 1 fällt Person 2 ins Wort: Scheiß drauf, was war und wann und warum! Ich will dieses Geld! Dieses Geld! Verstehst du! Ich m u s s es haben! Dieses Geld! Wir brauchen dieses Geld! Ich will es! Dieses Geld! Und du brauchst es auch!

Person 2: Ich?

Person 1: Ja, du! Denk mal nach … Wie alt ist dein Kind?

Person 2: … sechzehn?

Person 1: Siehst du?

Person 2: Was?

Person 1: Naja … genau „du" wirst deinem Kind bald einen Führerschein bezahlen müssen! Und dann ein Auto kaufen! … Kannst du das?

Person 2: Du weißt, dass ich pleite bin …

Person 1: Siehste? Ich weiß, dass du pleite bist. Du bringst dein ganzes Geld mit deinen Weibern durch… mit deiner ewigen Fickerei!

Person 2: Hör auf damit…

Person 1: Aber ich hab doch Recht! Du wirst das Geld brauchen! Und ich werde es für uns organisieren! Für uns beide!

Person 2: Willst du es ihm stehlen? Das ist doch „stehlen", oder?

Person 1: Nennen wir es mal so: „Wir führen das Geld einem Zweck zu, der uns mehr einbringt, als ihm!"

Person 2: Also stehlen ... Und wie kommst du dabei auf mich? Was soll ich denn dabei machen? Soll ich es aus ihm dem Schreibtisch stehlen?

Person 1: Nein ... Er wird es uns „geben". Und zwar freiwillig. Besser gesagt ... mir! ... Er wird es „mir" geben. Und zwar so, dass er vor Gericht keinen einzigen Beweis dafür hat. Vertraue mir. Weißt du: Mein Geschäftspartner vertraut mir absolut. Dieser Idiot! Ich werde ihm sagen, dass ich Angst habe, dass Einbrecher das Geld stehlen könnten. Und dass ich auch Angst habe, dass das Haus abbrennen könnte und dann das ganze schöne Geld weg wäre! Dann sage ich ihm, dass wir zusammen ein Schließfach eröffnen werden, in dem wir beide unser Geld deponieren. Ich werde natürlich auch etwas reinlegen und wenn alles klappt, wird „er" sein Geld aus dem Schreibtisch nehmen und es in unser „gemeinsames" Schließfach legen, wo „ich" es in die Hand bekomme! Ich!

Person 2: Und dann?

Person 1: Dann gehört es mir! Ich werde einen Grund erfinden, ihn aus der Firma zu werfen und dann werde ich das Geld behalten! Es ist in   m e i n e m   Schließfach und kein Mensch auf der Welt hat zugesehen, wie „er" es da hineingelegt hat! Verstehst du? ... Das ist ein uralter Trick! Jeder kleine Buchhalter kennt ihn! In einer Geldkassette kann Geld sehr leicht den Besitzer wechseln! Es gibt keinen Kontoauszug und kein einziges Dokument! Es gibt nichts, das besagt, wer wann wie viel Geld in diese Kasse gelegt hat! In dem Moment, in dem „er" es hineinlegt, kann ich es nehmen, ohne das „er" irgendetwas dagegen tun kann! Er kann nichts beweisen! Überhaupt nichts!

Person 2: Aha … so geht das also? Und wie willst du ihn dazu bringen, dass er sein ganzes Geld in „dein" Schließfach legt? Wie viel ist es überhaupt?

Person 1: Nun … Da wären Mal etwa 50 000 Euro in einem Briefumschlag im Schreibtisch. Und dann nochmal 10 000 Euro in einem zweiten Briefumschlag. Er sagt, diese 10 000 Euro wären das Geld, um Dinge wie Betriebsausflüge usw. zu bezahlen … Und jetzt kommst du ins Spiel: Er wird das Geld natürlich nicht ohne Absicherung in mein Schließfach legen. Deswegen werde ich ihm sagen, dass er sein Geld zur Aufbewahrung in „unser beider" Schließfach legen soll. Ich werde ihn also ganz offiziell als Mitinhaber meines Schließfaches eintragen lassen … Ich werde ihn erstens davon überzeugen, dass es innoffiziell sein muss. Niemand darf wissen, wieviel Geld er dort deponiert hat und wie viel er in das Schließfach legt! Außer mir natürlich! Das wird er mir glauben!

Person 2 fällt Person 1 ins Wort: Dann kann er doch nach dem Rausschmiss aus der Firma einfach hingehen und das Geld aus dem Schließfach holen? Wenn er der Mitinhaber ist?

Person 1: Nein, das kann er nicht! Weil er keinen Schlüssel hat! Der Rausschmiss wird so schnell erfolgen, dass er nichts mitnehmen kann! Vor allem nicht den Schlüssel! „Ich" werde den Schlüssel haben! Und nur ich! Und ich werde sofort das Schließfach für ihn sperren lassen! Das kann ich, weil ich der

Hauptinhaber bin. Und ich kann es jederzeit ausräumen, bevor er überhaupt zum denken kommt…

Person 2 fällt Person 1 ins Wort: Aber warum nimmst du dann das Geld nicht einfach nach dem Rausschmiss aus dem Schreibtisch? Ist doch viel einfacher?

Person 1: Weil ich Angst habe, dass er es selbst bald aus dem Schreibtisch nimmt und sich irgendwas Dummes davon kauft. Die Zeit drängt. Er spricht in letzter Zeit so oft von einem „Wohnmobil"… Und es gibt noch einen anderen Grund:
Person 2: Ein Wohnmobil? Warum das denn? Mein Kind braucht ein Auto! (Beide Personen lachen jetzt sehr laut!)… Und der andere Grund?

Person 1: Ganz einfach: Er hat noch mehr Geld! Und wenn wir alles richtig machen, dann wird er immer mehr und mehr in das Schließfach legen! Immer mehr! Er wird sich sicher fühlen und… ja … er wird immer mehr und mehr und mehr Geld in „unser" Schließfach legen… Verstehst du? Geld! Geld! Geld!

Person 2: Ok …

Person 1: Ja, das wird er tun. Ich kenne ihn! Ich mache ja schon lange genug Geschäfte mit ihm …

Person 2 fällt Person 1 ins Wort: Ja, das machst du … (lacht) … und alles andere auch! (Person 2 lacht jetzt auch. Beide lachen)

Person 1: Na und? Ich sage dir: Das wird er tun, weil er mir grenzenlos vertraut! … Er wird sein Geld dort rein legen!

Person 2: Ok … Und was soll „ich" jetzt eigentlich in der ganzen Geschichte machen? Es ist doch sowieso schon alles geplant und fertig?

Person 1: Nun … Es ist so: Es wird wirklich viel Geld sein und wenn wir Glück haben, wird er noch mehr Geld hineinlegen… Wahrscheinlich sogar sein ganzes Vermögen … Ich denke, er wird eine Sicherheit verlangen … Also irgendetwas, das ihn absichert … Und hier kommst du ins Spiel: Du wirst seine „Sicherheit" sein!

Person 2: Ich? Ich soll eine „Sicherheit" sein? Wie soll das denn gehen?

Person 1: Nun … Er vertraut dir. Das hat er mir gesagt! Ich werde einfach zu ihm hingehen und sagen, dass, wenn er sein Geld im Schließfach deponiert hat, wir DICH über alles einweihen werden. Ja, dich! Wie gesagt: Er vertrat dir! „Du" als unser Vertrauter wirst also wissen, wo der Schlüssel ist, und „du" wirst wissen, wo der Zettel ist, auf dem wir unsere „Einzahlungen" dokumentieren und „du" … so erzähle ich es ihm … wirst seine Sicherheit sein. Die Sicherheit, dass er sein Geld wiederbekommt, wenn mir etwas zustoßen würde. Wir sagen ihm, dass er dann zu dir gehen soll und du mit ihm zusammen in „unser" Schließfach gehst und ihm sein Geld wiedergibst. Glaub mir: Das wird er fressen …

Person 2: Ja. Er vertraut mir. Das könnte funktionieren …

Person 1: Ja! Es wird funktionieren! Er vertraut dir. Genauso, wie er mir vertraut! Wir können mit ihm machen, was wir wollen, wenn wir zusammenhalten. Ich werde dich, wenn die ersten „Einlagen" im Schließfach angekommen sind, hier in die Firma einladen. Wir werden dir dann gemeinsam unseren Plan vorstellen, und dir sagen, dass „du" unsere Absicherung für unser „gemeinsames" Schließfach bist. Ich werde es so gestalten, dass es „seine" Idee ist, „dich" als Vertrauensperson

171

auszuwählen! Du wirst an diesem Abend vor uns sitzen und aus allen Wolken fallen und so tun, als wäre alles ganz neu für dich! Du wirst zu ihm sagen, dass es eine große Ehre für dich ist, dass er so viel Vertrauen in dich legt und du wirst natürlich einwilligen. Dann werden wir dir gemeinsam den Ort zeigen, wo wir den Schlüssel versteckt haben und wir werden dir den Ordner zeigen, in dem seine Einzahlungen stehen. Er wird sich dann sicher fühlen und einen Tausender nach dem anderen in unser Depot stecken … Später, nachdem wir ihn von seinem Geld abgeschnitten haben, wird er dich anrufen und anflehen, ihm sein Geld wieder zu geben.

Person 2 fällt Person 1 ins Wort: Anflehen? Er wird mich umbringen!

Person 1: Das wird er nicht! Dafür sorge ich! Aber ich sage dir eines: Er wird dich anflehen, ihm sein Geld zu geben! … Und jetzt pass gut auf: Wage ja nicht, auch nur ein einziges Wort mit ihm zu reden! Lass das alles nur mich machen! Es gibt Mittel und Wege, ihn dann zum Schweigen zu bringen! … Glaube mir! Nötigenfalls zeigen wir ihn wegen Verleumdung an! Dann ist gleich Ruhe! Er kann uns nichts beweisen! Nichts! Du musst keine Angst haben! Er kann nichts beweisen!

Person 2: Ok …

Person 1: Wie gesagt … Auch du brauchst das Geld! Deswegen wird einiges davon an dich fließen … Die Aufteilung machen wir später…

Person 2: Ok …

Person 1: Sag mal … Welches Auto hast du eigentlich im Sinn? Hast du dir schon mal Gedanken darüber gemacht? Wie wär's mit einem schönen Weißen? Oder denkst du mehr an einen Schwarzen?

Zwischen den beiden Personen folgte nun noch eine Diskussion darüber, was sie mit dem Geld des anderen alles kaufen würden! Eine Diskussion, die mit viel Gelächter, Alkohol und abartigen Witzen über das Opfer geführt wurde! Weil sie dermaßen dreckig und unmenschlich und säuisch war, wollen wir dem Wortlaut der beiden Kriminellen hier keinen Platz einräumen.

Resümee:

Der Geschäftspartner wurde um sein komplettes Vermögen gebracht! Später hörte man von seinem Tod. Er hatte Selbstmord begangen! … Der Dieb lebt heute wie die Made im Speck. Er säuft Wein, wichst und pfurzt und bedient sich wieder an einem Opfer, dem er wieder das Geld stiehlt! … Der Mittäter lebt immer noch in Abhängigkeit von Person 1 und ist seelisch zerrissen.

Person 1 sagt oft über ihn: „Er gleicht immer mehr seinem Vater. Das ist auch so ein naiver Schlappschwanz, der nichts kann, außer sabbern und blöd schauen! (Originalzitat!)

Der Mittäter lebt sein Leben mit den Lügen, die er für den Soziopathen ausgeübt und gelogen hat. Bis zu seinem Ende wird er der dümmliche Lakai seines „Kommanders" bleiben und genau das tun, was dieser ihm sagt! Dass es meistens kriminell und asozial ist, was da abläuft, das weiß er. Aber er schaut weg und will es nicht wahr haben … Weil „sein" Kommander natürlich immer Recht hat! Und noch was: Heute kann er seinem Kind das langersehnte Auto kaufen und sich selbst ein wunderbares, sündhaft teures Fahrrad noch dazu! Das Auto ist übrigens nicht schwarz und die Farbe ist natürlich vollkommen egal, aber das Geld dazu… Das Geld ist gestohlen! Ganz einfach nur gestohlen! Vorsätzlich, dreckig, asozial und kriminell! Auch wenn der „Kommander" stehlen anders nennt und seinen Helfern erklärt, dass „sein" stehlen ein ganz anderes „stehlen" wäre, als das echte „stehlen", bleibt es einfachen nur ein dreckiger Diebstahl! Ein vorsätzlicher und geplanter Diebstahl ist immer nur ein Diebstahl und nichts anderes! Es ist ein geplanter, dreckiger, krimineller Akt. Ein Dieb ist ein Dieb und wird immer ein Dieb bleiben! Und mehr noch: Wer dem anderen sein Hab und Gut stehlen muss, um „reich" zu sein, der ist in meinen Augen die letzte (dieses wunderbare und ehrliche Wort wurde vom Autor gelöscht), die es gibt!

Eine Sau bleibt immer eine Sau!
Und wer stehlen muss, um reich zu sein,
der bleibt für immer arm!
Weil er nie das stehlen kann, was wirklich
reich macht!

Pestberg

(Liedtext - Angelehnt an die Musik der Gruppe Rammstein)

Vers 1:

In der Nacht, da bin ich wach
Und seh in dein Gesicht
Dunkelschwarz der Raum
Bis der Tag anbricht

Dort hinten lebt ein Kinderschrei
Sein Tod ist wie ein Fluss
Die Dunkelheit zieht es hinein
Das Kindlein gehen muss

Refrain:

Pestberg! Ich hör den Teufels Schrei!
Pestberg! Ich fleh ein Licht herbei!
Pestberg! Der Ort im Totentanz
Pestberg! Auf einem Teufelsschwanz

Vers 2:

Der Himmel frisst nun deine Brut
Ein Licht geht durch die Nacht
Hure, Teufel, Feuerschweif
Den Tod hast du gebracht

Refrain:

Pestberg! Ich hör den Teufels Schrei!
Pestberg! Ich fleh das Licht herbei!
Pestberg! Der Ort im Totentanz
Pestberg! Auf einem Teufelsschwanz

Vers 3:

Wer einmal in der Toten Nacht
Der Huren Untertan
Der sitzt allein zur Totenwacht
Und schaut den Teufel an

Der Hass ist wie ein Himmelsstern
Der Retter in der Not
Die Welt wird nur mit Feuer rein.
So schick ich ihr den Tod!

Refrain:

Pestberg! Ich hör den Teufels Schrei!
Pestberg! Ich fleh ein Licht herbei!
Pestberg! Der Ort im Totentanz
Pestberg! Auf einem Teufelsschwanz

Refrain:

Pestberg! Ich hör den Teufels Schrei!
Pestberg! Ich fleh ein Licht herbei!
Pestberg! Der Ort im Totentanz
Pestberg! Auf einem Teufelsschwanz

Rotes Monster. Fettes Haar
(Ein Gedicht gegen Soziopathen)

Rotes Monster. Fettes Haar
Dein Blick so dreckig. Sonderbar

Es sagt zu dir: „Du bist mein Held"
Und meint damit: „Ich will dein Geld"

Und jeden Tag da klimpert es
Mit seinen Augen und noch mehr

Lässt sich verführen. Fickt und fickt.
So geil, so gut, noch mehr, noch mehr

Benutzt den Körper. Benutzt ein Glied
Bis es den Orgasmus sieht

Und denkt sich dann in der Ektase:
Bald ist er in der letzten Phase

Dann töt ich ihn. Und spuck ihn an
Stehl ihm sein Geld. Weil ich es kann

Der Tag, er kommt. Das Monster geil
Stößt ihm ein Messer. Einerlei

In seinen Rücken tief hinein
Und lacht dabei. So wie ein Schwein

So wie es das schon oft getan
Mit manchem, braven Liebesmann

Dem einem hat es Geld gestohlen
Den anderen ließ es vom Teufel holen

Das Monster lacht. Es hat bekommen
Hat immer nur das Geld genommen

Das Monster ist so geil auf sich
Verbreitet Lügen über dich

Damit keiner glaubt, was war
Soll keiner wissen. Ist schon klar

Und du? Verreckst. Und bist dann tot
Das Monster lacht. Hat keine Not

Es fährt in Urlaub und säuft Wein
Es gab vier Kinder. Hundsgemein

Und diese Männer. Kalt wie Eisen
Niemand kann etwas beweisen

Rotes Monster. Fettes Haar
Nur was man sieht. Das ist auch wahr

Teufelsort

Wer kennt ihn nicht, den schlimmen Ort?
Mord und Totschlag wohnen dort

Sex und Gier, das Brüderpaar
Reichen sich die Kinder dar

Sie stoßen sie und huren fein
Wer sie kennt, der nennt sie „Schwein"

Kinderschrei und Schmerz in Not
So machen sie die Seelen tot

Am Tag im schwarzen Lederkleid
Da halten Huren sich bereit

Wer sie besteigt, der braucht viel Mut
Bezahlt er doch mit seinem Blut

Am Rücksitz, dort im Wald so bunt
Da spreizt man das Bein, den Arsch, den Mund

Und das, was alle Welt belog
Es frisst dort aus dem Schweinetrog

So fressen alle Kinder mit
Und frisst eins nicht, bekommt´s ´nen Tritt

Die Lüge ist ihr Gotteslob
Sagst du die Wahrheit, bist du tot

Gerichtet durch ein Lügenmeer
Stirbt Wahrheit, Mensch und noch viel mehr

Man lügt und stiehlt und tut dir an
Was niemand mehr verzeihen kann

Der Ort, den sich der Teufel weiht
Heißt Lüge, Gier, Unmenschlichkeit

Vorschlag zu machen, der für uns beide passt.
14.05.22, 01:54 - ▨▨▨ HANDY: Was willst du? Geld?
Und warum hattest du nicht den Mut am letzten Dienstag herzukommen? Du bist in
▨▨▨▨▨ gewesen!
Mach deinen Anhänger an dein Auto und komme her. Ich werde deine Sachen griffbereit
in der Garage lagern!
14.05.22, 04:45 - ▨▨▨: Ja, natürlich Geld. Was glaubst du denn? Alleine in den
letzten drei! Jahren habe ich 30 000 Euro in unsere gemeinsame Zukunft investiert.
Wenns reicht. Und da sind Mietzuschuss, Haushaltskasse und unsere Urlaube noch gar
nicht mitgerechnet. Ich denke nicht, dass es fair ist, wenn du in einer schönen
Wohnung sitzt, ein tolles Auto hast und alles bezahlt ist, während ich nichts von
all unseren gemeinsam gekauften Gütern bekomme und Schulden abstottern muss, weil
mein ganzes Geld für deine Wohnung und deine Autos draufgegangen ist.... Also bitte
ich um Vorschläge. Du kannst dein Auto verkaufen. Dann hast du Geld. Dann nehm ich
noch die Küche mit und den Rest kannst du dann monatlich abstottern.
14.05.22, 04:45 - ▨▨▨: Oder denkst du wirklich, ich schenke dir das alles?
14.05.22, 05:09 - ▨▨▨ HANDY: Du hast einen Knall.
14.05.22, 05:16 - ▨▨▨: Es sind die Konsequenzen, aus dem, was du getan hast. Ich
bitte dich, dies zu aktzeptieren und zu regeln.
14.05.22, 05:22 - ▨▨▨: Für die neue Wohnung 5000 Euro.
Opel ▨▨▨ 3000 Euro
Bett 1000 Euro
Couch 3500 Euro
Blaues Auto 5000 Euro
usw....
14.05.22, 05:23 - ▨▨▨: Und nein. Ich habe keinen Knall. Ich sehe Tatsavhen und
Fakten
14.05.22, 05:23 - ▨▨▨ HANDY: Dann beweise es
14.05.22, 05:24 - ▨▨▨: Das ist unterste Schublade, ▨▨▨a. Jetzt bist du ganz
unten
14.05.22, 05:24 - ▨▨▨: Leb wohl
14.05.22, 05:24 - ▨▨▨: Ich werde mich heute Nacht von allen verabschieden
14.05.22, 05:25 - ▨▨▨: Lies es aufmerksam durch
14.05.22, 05:25 - ▨▨▨ HANDY: Ich versuche nur, mich auf deine Schublade zu
stellen
14.05.22, 05:32 - ▨▨▨ HANDY: Warum musst du so ein Drama daraus machen?
Hole deine Sachen ▨▨▨▨ ▨▨▨▨. Und lass dieses ständige schreiben sein

Typische Korrespondenz zwischen einem Soziopathen (im Bild
„HANDY") und seinem Opfer: Das Opfer versucht, sein Geld zurück zu
bekommen, aber der Dieb wiegelt nur ab! Besonderes Augenmerk liegt
auf dem kaltblütigen Satz des Kriminellen: „Dann beweise es!" Denn es
stimmt! Später wird ein Rechtsanwalt das lesen und sagen: Genau das ist
es! Darauf baut dieser Dieb seinen Diebstahl auf! Sie können es nämlich
nicht beweisen! Weil er alles so hingelegt hat, dass es keine Beweise gibt!
Und wenn der Dieb dann ganz einfach ihr Geld behält, müssen sie sich
bestehlen lassen, ohne etwas dagegen machen zu können! Bei Ihnen sind
es wenigstens nur etwa 100 000 Euro! Bei anderen Opfern gingen schon
ganze Häuser und Firmen drauf!" Interessant ist auch der letzte Satz des
Kriminellen: Denn: „Mach kein Drama draus!" Ist einer der Sätze, die
Psychologen als „absolut typisch" und als Erkennungsmerkmal für
Narzissmus benennen!

Der Mord, für den man nicht bestraft wird

Oder: Suizid! - Gespräch zwischen zwei Freunden

Person 1:

Hallo, (Name vom Autor gelöscht) Ich hatte dich gefragt, ob du einen Selbstmordversuch gemacht hast, oder was mit dir in (Ortsangabe vom Autor gelöscht) war. Du hast mir nicht darauf geantwortet. Es ist für mich in Ordnung. Es ist gut, dass es nicht gelungen ist, sonst hätten wir uns nicht kennengelernt. Ich denke auch, dass du dort Menschen kennengelernt hast, die ebenso wie du schlimme Erfahrungen mit Soziopathen etc. gemacht haben.

Ich sag dir jetzt warum ich das gefragt habe. Als ich so ungefähr 10 Jahre alt war wollte ich mich umbringen, weil ich in Schule gemobbt wurde und von „Freundinnen" einfach abserviert wurde. Ich stand schon auf der Fensterbank immerhin im 3. Stock. Irgendwie hab ich es mir dann anders überlegt. Hab dann einfach weiter gelitten. Und später wollte ich es wieder machen, weil ich mich wertlos und abgelehnt gefühlt habe. Auslöser war eine Liebesbeziehung, bei der ich verlassen wurde. Voraus gegangen waren viele Zurückweisungen und Ausgrenzungen. Seitdem habe ich Tabletten im Haus, die schon längst abgelaufen sind und wahrscheinlich gar nicht mehr wirken. Aber egal, es beruhigt mich, wenn weiß, dass sie da sind. Und ich hätte die Möglichkeit! Bis jetzt ging es immer weiter. Auch mit schönen Erfahrungen. Es hat mich sehr viel Arbeit und Kraft gekostet, um da zu sein wo ich jetzt bin. Meine Erfahrungen beruhen nicht auf der Begegnung mit krankhaften Soziopathen usw. Sie haben mir das auch nicht angetan, weil sie mich quälen wollten. Nein, sie wollten einfach nichts mit mir zu tun haben.

Damals sind mir die Bücher von Josef Kirschner in die Hände gefallen. Ich habe sie einmal gelesen ich weiß genau wo sie sind und wenn ich will, kann ich darauf zurückkommen. Das genügt! Aber jetzt erst mal Schluss mit mir, es ist schließlich dein Leben. Aber ich dachte, es interessiert Dich vielleicht.

Person 2:

Ach, meine liebe (Name vom Autor gelöscht) Ich will nicht darüber reden. Sorry. Und: Es ist wie in einem Traum passiert. Hinter einem Schleier. Ich weiß nicht, wie ich sagen soll. Ich war außerhalb meines Körpers. Sehr schwierig zu erklären. Was mich am meisten daran ärgert ist, dass „sie" es fast geschafft hätten. Und noch mehr ärgert mich, dass viele von diesen Bestien es schaffen, dass sich ihre Opfer töten. Das heißt, dass sich wirklich sehr, sehr wertvollen Menschen, die wahre Liebe geben und leben können, und dieses als Beispiel und vielleicht manchmal als „Lehrer" lehren könnten, selbst töten und man dann sagt: „Das war ein Verrückter … von dem kannst du nichts lernen …" Während die anderen, die ihn in den Selbstmord getrieben haben … also der letzte Abschaum der Menschheit … weiter leben darf. Sie dezimieren also das Gute, indem sie Menschen oder deren Seele töten, und sie schicken ihre Kinder mit dieser Information und dieser Erziehung in die Welt hinein, um weiter quälen, betrügen und dezimieren zu können…

Es ist schade um jeden von denen, die sich wegen eines solchen Teufels umbringen. Sehr schade. Und deshalb möchte ich, dass genau die, die gemobbt oder belogen und hintergangen werden, aufstehen, und ganz laut rufen:

„Der und der hat mir das angetan! Der hat das und das mit mir gemacht!" Die „Guten" müssen endlich lernen, sich zu wehren. Ob sie dann die „Guten" bleiben können, sei dahingestellt. Aber eines ist sicher: Wenn die Guten nicht bald zusehen, dass sie das Böse dieser Erde eindämmen und... ja, sagen wir ruhig mal... „vernichten"... dann hat die Welt verloren und eine wundervolle „Erfindung" der Natur, nämlich der Mensch mit all seinen Gedanken, Ideen, Kunstwerken, seiner Poesie und seiner Musik wird sterben. Und übrigbleiben werden nur noch der Abschaum der Menschheit und empathielose Monster.

Ob es schade um uns ist? Ich weiß es nicht. Aber schade ist es um die Kunst, die der Mensch dem Universum gibt. Eins glaube ich: Wir sind einzigartig. Denn die Kunst ist das, was uns Menschen von allen anderen Lebewesen unterscheidet. Die Kunst macht uns „göttlich", und ist ein Beweis dafür, dass es eine höhere Macht gibt, von der wir dazu befähigt wurden, sie zu erschaffen. Diese göttliche Spezies, den „wahren Menschen", durch Qual, Lügen, Betrug, Raffsucht, Gier und Neid auszurotten, ist wohl das schändlichste Unterfangen, dass es gibt. Es wird von empathielosen Soziopathen und toxischen Personen praktiziert. Wenn du alles Gute und jede Kunst tötest... dann tötest du Gott. Und noch was: Ein Selbstmörder tötet sich niemals selbst. Das Wort ist absolut falsch! Denn es ist immer der andere, der den Abzug durchdrückt.

Das Paradies auf Erden

Jede menschliche Gemeinschaft, jede Staatsform, jedes menschliche Zusammenleben, jede Partnerschaft und jede Regierung… Sei es eine Demokratie oder eine Diktatur oder sonst was, würde meiner Meinung nach ohne Schmerz, ohne Krieg und ohne Gewalt funktionieren, wenn man Narzissten, Soziopathen, Pädophile und alle anderen empathielosen „Personen" aus diesen Gemeinschaften ausschließen könnte! Wenn man das schafft, hätte man den ewigen Frieden und das Paradies auf Erden erreicht. Denn es sind einzig und allein die Narzissten, die Soziopathen, die Pädophilen und die empathielose „Personen", die die Welt immer wieder in Gewalt und Zerstörung stürzen. Sei es im Kleinen, wie in der Familie, oder im Großen, wie in der Politik. Es macht keinen Unterschied. Der Narzisst, der Soziopath und auch alle anderen empathielosen „Personen" zerstören! Sie zerstören immer alles. Aus Gier, aus Neid, aus Raffsucht, aus Bosheit und aus Missgunst. Diese abartigen Gefühle können in solchen Personen „leben", weil diese Personen äußerst dumm sind!

Ein Narzisst ist in etwa so dumm, wie das Loch, dass er in seinem Arsch mit sich trägt! Auch wenn er es niemals wahr haben will! (Aber liebe Narzissten: Wir wissen das es so ist!)

Deswegen ist es mit so einem Kretinen auch nicht möglich, ein einziges normales Wort zu reden! Verwechsle n i e m a l s „Bildung" mit Intelligenz! Bildung hat sehr oft was mit Auswendiglernen und wieder vergessen und das, was man gelernt hat, nicht zu kapieren, zu tun! Mit Betrügen und Abschreiben! Mit Sabbern, wichsen und Faulheit!

„Intelligenz" ist ganz etwas anderes: „Intelligenz" hat was damit zu tun, aus jeder Situation etwas machen zu können, und zwar ohne (ein) gebildet sein zu müssen! Und viele von diesen Narzissten sitzen zwar in irgendwelchen Büros herum und zerstören ganze Firmen, Armeen und Länder, weil sie einen „Titel" haben: Aber wenn du sie dir ansiehst, dann wird dir sehr schnell klar: Die meisten von denen sind wirklich nicht gebildet und einfach nur zu dumm, um geradeaus zu pissen! Geschweige denn, einen Nagel in die Wand zu schlagen! Sie fallen wie dreckige Parasiten über uns Menschen her und stehlen und betrügen und machen ihre dreckigen und kriminellen Geschäfte, um was weiß ich zu werden! Aber wegen ihrer Gier und ihrer Dummheit bekommen sie ihren dreckigen Hals niemals voll genug! Sie nennen sich „Elite" und sind doch nur Maden und Gewürm, die sich gegenseitig bescheißen und bepissen und den Kopf in den Arsch des anderen stecken, um „groß" zu werden!

Narzissten, Soziopathen, Pädophile und alle empathielosen „Personen" sind ungefähr das Dümmste, was die Erde zu bieten hat! Und jeder Blutegel hat meiner Meinung nach mehr Verstand im Kopf, als diese Säue! … Sie gieren nach Geld und Geld und Geld und noch mehr Geld! Und daran erkennt man ihre Unfähigkeit, ein Mensch zu sein! Denn das eine sage ich dir: Nur die dümmsten der Dummen streben nach Geld. Ein wahrer Mensch strebt nach anderen Dingen! …

Ich hätte also nichts dagegen, wenn diese dumme Brut woanders wohnen würde. In der Hölle zum Beispiel! Oder unter dem Deckel einer Jauchegrube! Wo sie unumstößlich hingehört! Oder dreitausend Lichtjahre hinter den Mond! Nur sicher nicht hier … in unserer Welt … und unter uns Menschen! Aber das ist ja alles nur meine ganz persönliche Meinung!

Und ach ja, hier noch ein Hinweis für alle die, die jetzt schon zum Hörer greifen und die „Zentrale" anrufen wollen: Zum Datum des Verlegens dieses Buches war es noch erlaubt, seine Meinung frei zu sagen! Ätschbätsch!

Wenn der Teufel seine Fotze reibt
An deinem Hosenbund
Verstehst du nicht, was er da treibt:
Den Tod tut er dir kund!

Für Elfi

Es gibt Frauen, die mit einem Narzissten zusammenleben. Manche von ihnen erleben die Hölle der Unmenschlichkeit auf dieser Erde. Manchmal ein Leben lang... Sie werden jeden Abend vergewaltigt und lassen es sogar zu. Sie sehen zur Decke hin und sagen: „Wann wird er endlich fertig, damit ich ins Bad gehen kann?" Sie kochen und sie putzen, sie waschen und sie legen sich für ihn bereit, wann immer „er" es will. Manchmal können diese Frauen dann nicht mehr damit leben und versuchen, etwas zu ändern. Aber immer dann, wenn „er" merkt, dass seine Frau nicht mehr so will, wie sie soll und dass sie „ihm" vielleicht ein Problem bereiten könnte ... dann schaltet er um und spielt ihr den verliebten Mann vor. Er wickelt sie ein und redet schöne Worte mit ihr. Und sie? Sie fängt wieder an, zu glauben, dass „er" doch gar nicht so ist, wie er ist und dass „er" sich doch irgendwann mal „ändern" wird!

Ja! ... Seid nur so dumm und glaubt diesem (dieses Wort wurde vom Autor gelöscht). Aber bedenkt: Von einem Narzissten, einem Soziopathen oder von sonst einem toxischen Vieh, egal welcher Art, wirst du niemals die Wahrheit bekommen. „Er" wird alles dafür tun, damit „er" dich benutzen kann. Denn das ist sein Ziel! ... „Er" will dich ficken und „er" will, dass du für ihn putzt und für ihn kochst und deinen Mund hältst. Dafür bist du (laut seiner Denkweise) da... Und darum bekommst du auch immer wieder seine Lügen aufgetischt! ... (Wenn man bei solchen Kreaturen überhaupt von einem „Denken" reden kann!)

An alle Frauen, die mit einem Narzissten zusammenleben müssen ... oder auch an all die Männer, die mit einer Narzisstin leben: Manchmal versucht man, eine Beziehung zu retten oder eine Ehe wieder herzustellen! … Oft ein Leben lang. Aber es klappt nicht mehr! Es klappt nie mehr. Weil Narzissten und Soziopathen immer nur zerstören! Und niemals etwas aufbauen! Dazu folgende Geschichte:

Der Apfel

Man kauft sich einen Apfel und er ist wunderschön. Im Obstregal hat man sich nicht etwa den nächstbesten genommen… Nein, man hat wirklich den schönsten Apfel ausgesucht und dieser Apfel ist groß und rot. Er glänzt und ist voller Kraft und Süße. Das glaubt man jedenfalls! … Und so trägt man den Apfel also nach Hause und erfreut sich an seinem Besitz. Man ist glücklich und froh und genießt den Gedanken, etwas so schönes zu haben.

Doch irgendwann bemerkt man, dass der wunderschöne Apfel ein kleines Loch an seiner Seite hat. Man glaubt es nicht und man will es auch nicht wahr haben und so tut man so, als ob man das Loch nicht sehen würde. Aber irgendwann holt es dich ein und der Apfel sieht nun ganz anders aus. Er wird braun und matschig. Er bekommt braune Flecken und wird irgendwie komisch! … Jetzt weißt du, dass der Apfel faul ist und du versuchst ihn zu retten. Du nimmst ein scharfes Messer und so schwer es dir auch fällt … Du schneidest den Apfel entzwei. Das Messer ist sehr scharf und ihr beide … der Apfel und du… spürt jetzt all die schmerzhaften Schnitte, die das Messer in eure wunderbare Beziehung und in euer Glück hinein schneidet.

Schon beim ersten Schnitt ist diese Zweisamkeit, die der Apfel und du einmal erlebt haben, für immer zerstört. Denn ab jetzt ist nichts mehr so, wie es einmal war! … Du aber willst es nicht wahr haben und glaubst immer noch, dass du den Apfel retten könntest. Du schneidest weiter und weiter, doch je tiefer du in den Apfels schneidest, desto fauler wird er. Am Ende bleiben nur noch ein paar Brocken übrig, die du hütest und aus denen du wieder einen Apfel machen möchtest. Doch nach Jahren der Mühe wirst du feststellen, dass alle Anstrengungen vergebens waren. Aus einem faulen Apfel und aus den letzten Brocken, die davon übrig geblieben sind, wirst du nie wieder „den" Apfel zaubern können, den du einst gekauft hast. Und so war deine ganze Mühe … deine ganze Arbeit … dein ganzer Versuch, den Apfel zu retten … so waren all die Jahre … umsonst!

Nun! … Merke dir eines:

Du kannst das, was war, nie wieder zurückholen! Und wenn es einmal faul geworden ist, dann siehst du nicht das, was daraus geworden ist. Nein!… Du siehst nur das, was immer schon da war und was dir bis zu diesem Zeitpunkt verborgen blieb. Du siehst das wahre Gesicht … Das wahre Gesicht deines Apfels… Ein schöner Apfel wächst immer nur aus einem gesunden Kern. Aber niemals aus einem faulem Fleisch. Und so erahnst du nach Jahren der Mühe wohl das, was unumstößliche die Wahrheit ist: Wirf den faulen Apfel weg, bevor er dir dein Leben nimmt. Wirf ihn weg, noch bevor du das Messer holst, um ihn zu retten. Wirf ihn weg. Und verschwende nicht dein Leben. Verschwende es nicht an Dinge, die du nicht mehr retten kannst.

Geboren und Erzogen

Eine Lebensweisheit:

Wenn du „Leute" kennenlernst, dann schau sie dir gut an! Es können Menschen sein … es könnten aber auch gierige und asoziale Verbrecher sein, die dich ausbeuten, schächten und dich ficken wollen! … Schau immer auf die Ahnen zurück und auf das, was man sich über sie erzählt!

Merke dir eines: Eine Sau wird immer von einer Sau zu einer Sau erzogen! Eine Schlange immer von einer Schlange zu einer Schlange! Ein Affe wird immer von einem Affen zu einem Affen erzogen und ein Faultier immer von einem Faultier zu einem Faultier! … Eine Hure wird immer von einer Hure zu einer Hure erzogen und eine Bitch immer von einer Bitch zu einer Bitch! Ein Dieb wird immer von einem Dieb zu einem Dieb erzogen und ein Lügner immer von einem Lügner zu einem Lügner! Einer, der Kinder missbraucht, wird immer von einem erzogen, der Kinder missbraucht hat! Und ein Mörder immer von einem Mörder zu einem Mörder! Und einer, der Menschen quält, wird immer von einem, der Menschen quält, zu einem, der Menschen quält, erzogen! … Darum prüfen jeden, den du an dich ranlässt! Das raten wir dir!

Wie man etwas benutzt, um dich als Lügner abzustempeln

Eine Frau hat mir folgende Geschichte erzählt: Sie sagte: „Damit du mal siehst, was das für eine Drecksau war!"

Ihr damaliger Ex Freund war Bundeswehr Soldat und ein absoluter Narzisst und hat jahrelang seine Eigenschaften an dieser Frau ausgelebt. In dieser Geschichte nennen wir sie „Susi". Susi musste kochen, putzen, waschen, Beine spreizen und den Mund schön spitzen. „Er" hingegen musste gar nichts. Er hat nur Susi immer wieder gesagt, was „sie" muss.

Er hatte ein dickes, fettes Auto mit viel Schnickschnack drin und er sagte Susi sehr oft, dass sie mit dem Auto auch mal fahren soll. Nebenbei ließ er Susi das Auto auch mal schnell volltanken. Susi gefiel der Wagen. Das einzige, was ihr Schwierigkeiten bereitet, war die eingebaute Abstandsregelung. Wenn sie nämlich mit dem Wagen zu nahe an den Vordermann kam, dann machte das Auto automatisch eine Vollbremsung. Und genau das ist ihr dann auch passiert. Susi war auf der Landstraße unterwegs und überholte einen PKW, der hinter einem Lastwagen her fuhr. Der PKW Fahrer dachte, er müsste Susi das Leben schwer machen und gab Gas und machte die Lücke hinter dem LKW, in die Susi eigentlich hinein wollte, dicht. Susi musste ganz nah an den LKW ran, um noch einscheren zu können. Hinter ihr war der PKW, der sie nicht reingelassen hatte und vor ihr war der LKW … Ihr Auto erkannte den Abstand zum LKW und machte eine automatische Vollbremsung! Susi konnte weder etwas dafür, noch konnte sie etwas dagegen tun. Das Auto bremste, blieb ein paar Sekunden in diesem Modus, in dem Susi überhaupt nichts mehr machen konnte, und fuhr dann weiter. Der PKW hinter ihr machte auch eine Vollbremsung. Man kann auch sagen, dass er es gerade noch so geschafft hat, nicht auf Susis Wagen drauf zu fahren.

Sofort fing der Fahrer des hinteren PKW an, zu Hupen und mit der Lichthupe zu blinken! Der Fahrer drohte mit der Faust und zeigte Susi den Vogel. Susi war immer noch zu nah am LKW und sah natürlich auch, was der Kerl da hinter ihr für dreckige Zeichen machte. Sie ärgerte sich sehr, dass „der" die Lücke dicht gemacht hatte … und trat zweimal auf die Bremse. Nein, sie machte keine Vollbremsung, aber sie bremste ihr Fahrzeug soweit ab, bis sie den Abstand zum LKW wieder hergestellt hatte, um ihm sicher nachzufahren. Sie fuhr dann dem LKW eine Weile nach und überholte ihn schließlich. Der Fahrer im hinteren Wagen überholte auch, und zwar trotz Gegenverkehr. Dann jagte er Susi über die Bundesstraße, fuhr ihr schimpfend und schreiend bis an die Stoßstange auf und setzte immer wieder zum Überholen an. Er fuhr neben Susi her, überholte sie aber dann doch nicht … Er scherte hinten wieder ein und machte irgendwelche Zeichen zu Susi, die das alles im Rückspiegel beobachtet … Susi wurde langsamer und langsamer, damit der Irre endlich überholen könnte. Der Wagen hinter ihr scherte nun schlagartig aus, beschleunigte mit großem Getöse, fuhr an Susi vorbei, scherte vorne wieder ein und machte dreimal hintereinander drei Vollbremsungen, so das Susi ins Schwitzen kam, und alle ihre Fahrkünste aufwenden musste, damit sie dem Irren nicht hinten drauf fährt … Dann zog der Irre ab und fuhr mit exakt 100 km/h weiter … Susi lief es eiskalt über den Rücken runter.

Zu Hause angekommen, fragte sie ihren Freund, ob man diesen Mörder - Abstandsregel - Dingsbums in seinem Auto nicht ausschalten könnte? Und sie sagte ihm auch, was passiert ist …

Er sagte, das ginge nicht, damit müsse sie leben … Und damit war für Susi das Ganze eigentlich erledigt. Sie würde in Zukunft besser aufpassen und nie mehr wieder so nahe an ein anderes Fahrzeug fahren …Was sie nicht wusste, war, dass die Beifahrerin des Irren PKW Fahrers Susi dabei gefilmt hatte, wie sie zweimal kurz auf die Bremse ging … und … diese Frau hatte auch Susis Gesicht gefilmt, als sie sie überholt haben … Susi hatte keine Chance.

Noch in derselben Stunde rief ein Polizist bei ihr an und befragte sie nach der Sache. Sie erzählte genau das, was sie mir erzählt hat. Zwei Tage später kam eine Vorladung wegen „Nötigung im Straßenverkehr" zu ihr und Susi rief einen Rechtsanwalt an. Eine Woche später meldete sich der Rechtsanwalt und sagte, dass es „mehrere" Zeugenaussagen gäbe, die bestätigen, dass sie, also Susi, mutwillig und grundlos mehrmals eine Vollbremsung vor einem anderen Fahrzeug gemacht hat und das es ein Foto gibt, auf dem sie deutlich zu erkennen sei. Er sagte: „Sie haben keine Chance! … Auch wenn es so war, wie sie es sagen: Der Staatsanwalt wird nicht lange fackeln und demjenigen glauben, der die Anzeige macht!"

So musste Susi also für vier Wochen den Führerschein abgeben und eine hohe Geldstrafe bezahlen. Susi war nun gezwungen, sich irgendetwas einfallen zu lassen. Sie brauchte ja in diesen vier Wochen immer wieder mal einen Fahrer und so sprach sie mit ihrem Freund und sagte ihm, dass sie alles ihrem erwachsenen Sohn erzählen wird, damit der sie ab und zu fahren kann. Aber sie sagte auch, dass ihr das sehr, sehr peinlich wäre.

Ihr Freund, der Narzisst, fragte sie lachend, ob sie denn blöde wäre, oder was? Dann sagte er: „Das wirst du niemandem erzählen! Spinnst du?! Du wirst doch um Himmels willen niemandem erzählen, was „uns" passiert ist, oder?" Und er sagte: „Also ich würde das nicht tun! Weißt du ... es geht doch keinen was an, was uns passiert ist. Und dann die Erklärungen, die du abgeben musst. Jeder wird blöde Fragen stellen ... Was willst du denen sagen? ... Die glauben uns das eh nicht... Nein! Also hör mal zu: Das machst du nicht! Und dein Sohn? Der, der sich überhaupt nicht um dich kümmert? Der dich nicht einlädt oder dich zwei Jahre lang nicht anschreibt und nichts für dich tut, obwohl du so viel für ihn getan hast?

Dem brauchst du das schon dreimal nicht sagen! Also nein! Das tust du nicht! Die sagen uns ja auch nie was!" Und dann sagte er: „Pass auf, Susi: Die haben dich doch erst geblitzt, oder? Dann sagst du einfach, du musst den Führerschein abgeben, weil du zu schnell gefahren bist und Basta! Da muss man nichts erklären und das kann jedem Mal passieren und das reicht!" Und er sagte: „Susi! Ich will nicht, dass die alles über uns wissen! Das, was mit uns ist, geht die nichts an!" ...

Susi sagte: „Wir?" ... „Du meinst, es ist nicht nur mein Problem? ... Du und ich? ... Aber ich bin doch der, der..." Und er sagte: „Wir! Wir beide! Wir zwei halten zusammen! Du und ich! Glaub mir, Schatz, es ist besser, wenn du es so machst, wie ich es dir sage. Du wirst sehen, das vereinfacht die Geschichte ungemein. Und es geht außer uns auch wirklich niemanden etwas an, was dir passiert ist... vertraue mir!"

Damit hatte er sie überzeugt! Und jetzt ging Susi diesen einfachen und leichten Weg, den „er" ihr aufgezeigt hatte. Irgendwie dachte sie, wenn „er" es so macht, dann mach ich das auch so! Er hat doch Recht und warum soll ich es dann nicht so machen, wie er es mir gesagt hat? Die anderen erzählen uns doch auch nie was über sich und lügen uns immer nur an! Was soll es also die anderen angehen, wenn es doch unser beider Ding ist und nur „er" zu mir hält und sonst niemand … Die sollen mich doch alle mal am Arsch lecken! Die tun doch eh nichts für mich und ich bin denen doch sowieso egal. Da hat er schon Recht! Dass er mir das immer wieder sagt. Ich mach jetzt das so, wie „er" es mir gesagt hat!

Und so ging Susi hin und erzählte die Geschichte, dass sie geblitzt wurde, weil sie keine große Lust hatte, die komplizierte Geschichte zu erzählen, die ihr wirklich passiert ist. Hauptsächlich tat sie es, weil „er" es ihr so gesagt hatte und weil „er" es doch so von ihr so erwarten wird. Ja… hauptsächlich tat sie es einfach nur deswegen, weil sie ihn liebte und ihn auf keinen Fall enttäuschen wollte. Sie hat sich dabei wenig gedacht… Wie immer, wenn „er" ihr gesagt hat, was sie machen soll …

Ein paar Monate später fand der Narzisst eine neue Susi. Eine kleine, dicke, fette, die besser blasen konnte… Die neue Susi war unten rum enger gebaut, hatte mehr Geld und sie spuckte das, was man ihr in den Mund spritzte, nicht gleich wieder aus, sondern schluckte es hinunter. Das gefiel dem Narzissten so gut, dass er seine Susi … also die „alte" Susi, noch ein paar Mal so richtig schön durchgefickt hat … und sie dann kurzerhand und sehr brutal aus seinem Leben warf…

Susi weinte sehr und wusste nichts besser, als vor allen Leuten zu sagen, dass er ein Schwein wäre und dass er noch Möbel und Geld und viele andere Dinge von ihr hätte, die er nicht mehr rausrücken will … Auch ihre persönlichsten Sachen wären noch

bei ihm und er würde sie ihr nicht geben! Da suchte ihr „Ex",
dieses Schwein, doch tatsächlich aus Susis ganz persönlichen
Akten, die immer noch in „seiner" Verwarnung waren, die Akte
mit der Nötigung heraus, kopierte das, was er benutzen konnte,
und zeigte es, total aus dem Zusammenhang gerissen, überall
herum. Er behauptete weinend und schluchzend: „Schaut sie
euch doch an, dieses Schwein! Sie hat mich doch immer schon
belogen! Seht ihr das!? Diese Dokumente habe ich durch Zufall
gefunden! Ich bin aus allen Wolken gefallen! Wie kann man nur
so lügen?! Mir hat sie etwas ganz anderes erzählt! Und euch
auch! Sie log immer schon und jetzt lügt sie wieder! Diese
verlogene Sau! Hat euch immer schon belogen! Und jetzt lügt
sie euch wieder an! …

Susi selbst wusste nichts davon. Sie wunderte sich, weil ihre
Freunde und Verwandten sich plötzlich von ihr abwendeten.
Durch weitere Personen erfuhr sie dann, dass alle hinter ihrem
Rücken über sie schimpfen und sie als Lügnerin und Drecksau
hinstellen. Eine Freundin hat Susi dann aufgeklärt: „Du hast uns
doch alle belogen!", sagte sie … und dann hat sie ihr erzählt,
was ihr Ex Freund für Lügen über sie verbreitet. Susi war
entrüstet und konnte tausendmal erzählen, dass „er" sie dazu
gebracht hatte, über die Führerschein-Sache etwas anderes zu
erzählen … aber niemand glaubte ihr. Und so ist Susi bis heute
diejenige, die alle angelogen hat … Nun … Im Endeffekt hat sie
das ja auch. Aber die Frage ist: Hätte sie auch gelogen, wenn
„er" es ihr nicht eingeredet und es nahezu von ihr „verlangt"
hätte, damit sie ihm beweisen kann, dass sie auf ihn hört und
„eins" mit ihm ist? … Und hätte sie auch gelogen, wenn „er" ihr
nicht seine Ratschläge aufgedrängt hätte? Höchstwahrscheinlich
nicht …

Und noch was: Ist es nicht ein alter Trick der Narzissten, sein Opfer in einen Fehler zu führen, damit man ihnen diesen dann vorhalten kann, um selbst besser da zu stehen? Geschäftsleute und Buchhalter machen das angeblich sehr oft... Also passt gut auf euch auf. Denn so oder so ähnlich führen dich Narzissten und auch Soziopathen dazu hin, etwas zu tun, mit dem sie dich später erpressen können... Merke dir: Jemand der dich liebt, gibt dir niemals den Rat, etwas zu tun, dass dir dein Gesicht nimmt.

Jemand der dich liebt, wird dir sagen, dass es nicht leicht sein wird, aber du unter allen Umständen die Wahrheit sagen musst, damit du am nächsten Tag noch in den Spiegel schauen kannst. Nur empathielose Lügner, denen du vollkommen egal bist, geben dir den Rat, zu lügen und interessieren sich sehr wenig dafür, wie du damit fertig wirst. Jemand, der dich liebt, wird dir sagen, dass er, wenn du die Wahrheit sagst, zu dir stehen wird, egal was kommt. Vertraue also nie jemanden, der dir den Rat gibt, zu lügen! Erstens ist es Unrecht und zweitens hat dich diese empathielose Drecksau damit in der Hand ... was ja vielleicht auch sein Plan ist.

Die Fotze soll dir faulen
In dieser schönen Nacht
Nicht umsonst hast du mit ihr
so viel Menschen umgebracht!

Der Hass

(Erörterung eines Gespräches – Ein Beitrag von RiTa)

Ein Narzisst oder ein Soziopath wird dir niemals die Wahrheit sagen! Er wird dich vom ersten Moment an belügen und betrügen … Also pass bitte auf dich auf … Wenn du offen auf Menschen zugehst. Wenn du gerne mit ihnen redest. Wenn du fröhlich bist, hilfsbereit und gutgläubig. Wenn du nächstenliebend bist und den anderen mehr gibst, als du nimmst… Dann bist du das ideale Opfer für so ein Tier.

Der Narzisst oder Soziopath wird dich auswählen, wird dich abchecken, wird Tests mit dir machen und wird dich auf deine „Tauglichkeit" überprüfen. Das alles macht er natürlich, ohne dass du es bemerkst! Mit Augenklimpern und Lügen! Denn „du" steckst ja gerade mitten in einer aufregenden, sich neu anbahnenden „Geschäfts – oder Liebesbeziehung" und bist total aufgeregt! (das glaubst du jedenfalls …) „Er" hingegen arbeitet einfach nur den Plan ab, sein nächstes, lukratives Opfer auszuwählen!

Er will sehen, ob du genug Geld hast, damit du seine Bedürfnisse bezahlen kannst … Er wird mir dir sehr schnell Sex machen, um zu testen, ob du auch hier seine „Bedürfnisse" befriedigen kannst! … (In einem konkreten Fall hat uns ein Mann erzählt, seine Soziopathin hätte schon nach dem ersten Treffen mit ihm Sex gemacht. Hinterher hat sie dann immer nur seinen Schwanz angeschaut und gesagt: „Der ist aber schön! So schön dick!" Dann hat ihn noch ein paar Mal eingeführt und schließlich lachend gesagt: „Den behalte ich! Der gehört jetzt mir!" … Beim nächsten Treffen hat sie den Mann dann sehr bald ausgezogen und seinen Schwanz betrachtet, um zu sehen,

„ob noch alles da wäre" … Heute denken wir, sie hatte einfach nur den Überblick verloren und aus den ganzen Männern, die sie zur Auswahl hatte, eiskalt wieder den einen rausgesucht, der den „schönen dicken Schwanz" hatte, der so gut passte! … Wir können uns natürlich auch irren … aber der Mann sagte, „komisch" wäre das damals schon gewesen …)

Wenn du alle seine „Tests" bestanden hast … dann greift er dich an: Dann fängt er an, dich zu spiegeln: Wenn du zum Beispiel sagst: „Ich mag die Lieder von Bob Dylan" … dann wird er zu dir sagen: „Ich l i e b e Bob Dylan! Und ich bin so ein großer Fan von ihm und er ist mein Idol und ich würde so gerne mal auf ein Konzert von ihm gehen! …" Wenn du zu ihm sagst: „Kennst du Herman van Veen?"… Dann wird „er" zu dir sagen: „Oh ja! Ich habe sogar zwei Schallplatten von ihm! Ich liebe ihn und seine Musik und ich würde so gerne mal auf ein Konzert von ihm gehen…" Und so schaukelt sich dein Narzisst in deinen Augen zu deinem idealen Partner hoch. Es ist ganz egal, was du sagst: Dein Narzisst wird es auch so wollen. Und stell dir vor: Er will es sogar noch mehr als du …

Er wird genau so sein wie du und er wird dir alles geben, was du liebst und er wird dir vorspielen, dass er den selben Geschmack hat wie du, dieselben Vorlieben und dieselben Ideen … Und du wirst irgendwann von ihm überzeugt sein und denken, dass du jetzt endlich „diesen einen und einzigen Menschen" gefunden hast, den du ein Leben lang gesucht hast! … All deine Träume werden jetzt in diesem Partner wahr werden und du denkst, dass er „der Mensch fürs Leben" ist. Er wird dich so lange steuern, manipulieren und dich einwickeln, bis du nicht mehr anders kannst und fest davon überzeugt bist: Dieser eine „Mensch" … der ist der einzige und der eine, mit dem ich leben will! Nur „er" ist der eine und der einzige, zu dem ich absolutes Vertrauen habe! ...

(Ach ja: Die Platten von Hermann van Veen zeigt er dir übrigens nie! Weil er nämlich keine hat!)

Und genau das ist das Ziel der Narzissten und Soziopathen ... Dein „Vertrauen" zu gewinnen... Und genau deswegen spielt er dir dieses ganze verlogene Schauspiel auch vor ... Ja, es ist sein Ziel, dich so zu manipulieren, dass du ihm glaubst und dass du ihm bedingungslos vertraust. Denn dieses „absolute Vertrauen"... das ist das, was er von dir will. Dann kann er dich nämlich eiskalt und gewissenlos steuern, ausbeuten, besteigen und dich vergewaltigen, so oft er will. Und du ...? Du wirst es gar nicht merken, dass er sich alles von dir bezahlen lässt und sich jeden Tag zweimal einen an dir runter holt ...

Er wird auf deine Kosten ein „Schakalakka-Leben" starten und du wirst nicht nur für ihn arbeiten... nein... Du wirst ihm sein „Schakalakka - Luxus - Leben" auch noch teuer bezahlen und seine Schakkalakka - Luxus - Hure sein, die alles für ihn tut und die er besteigen kann, wann immer er will... Denn in Wirklichkeit ist dein Narzisst oder Soziopath ein kaltes, dreckiges Monster. Ein Vieh... eiskalt und berechnend. Und wenn das alles passt... wenn er dein Vertrauen hat ... dann beginnt er dich auszusaugen!

Er nimmt dir deine Kraft ... bestimmt darüber, wie du für ihn arbeiten musst ... legt deinen Tagesablauf fest... nimmt dir dein Geld ... und schirmt dich von deinem alten und auch von deinem neuen Freunden und eigentlich von deinem kompletten Umfeld ab! Ja, ja! ... „Du" sollst jetzt mit niemandem in Kontakt kommen, wenn „er" nicht weiß mit wem, wofür und warum. Und stell dir vor: Er wird dich so manipulieren, dass das für dich „absolut in Ordnung" ist. Er „verbietet" es dir indirekt (durch Manipulation), dass du mit „den" Leuten sprichst, die ihn, den Narzissten, von früher kennen, damit du nichts über ihn erfährst. Das macht er sehr geschickt, indem er zum Beispiel zu dir sagt: „Sprich nie mit den Frauen aus dem Einkaufsladen! Die erzählen doch immer nur Lügen über mich!" Oder: „Sprich bitte nie mit der Nachbarin, die erzählt doch nur Lügen über mich!" … Oder: „Sprich bitte nicht mit dem Mann vom Getränkemarkt. Der war früher unser Nachbar und lügt!" oder: „Sprich nie mit dem Typen, den ich vor dir hatte. Der will mir nur eins auswischen!" … usw. usw. usw … Ja … genau das sagt dein Narzisst zu dir und du glaubst ihm diesen Scheißdreck, weil du von ihm absolut eingewickelt und blind manipuliert worden bist … Dabei wären genau „das" die Leute, die dich noch retten könnten! … Nämlich genau die, mit denen du nicht reden darfst!

Und so dreht dein Narzisst die Welt in deinem Kopf vollständig um und aus den „guten" Menschen, die du von früher kanntest, werden plötzlich die „bösen Menschen", die du (laut „Befehl" deines Narzissten) vermeiden solltest! … (weil sie dir helfen könnten!) Und aus „ihm", (deinem Narzissten oder Soziopathen), und aus dessen Freunden (die meist dieselben (dieses Wort wurde vom Autor gelöscht) sind, wie er), werden dann plötzlich „die" Leute, die eure „Freunde" sind und mit denen du reden und denen du in deiner menschlichen Barmherzigkeit „helfen" darfst … Am besten hilfst du ihnen mit Geld und Arbeitskraft und Gruppensex … Wobei die dann alle zusammen im Gegenzug überhaupt nichts für dich tun und dich nur ausnutzen und auslachen! … Dafür sorgt natürlich wieder dein Narzisst oder Soziopath, der natürlich „mehr" zu seinen Freunden hält, als zu dir und der einfach mal ein bisschen neues „Fleisch" in die monatliche Gang Bang Sex Party bringen wollte und dich als die neue „Stute" oder den neuen „Hengst" vorführt, der/die zur Einführung in den Club mal von jedem schnell durchgefickt werden darf, bis du nicht mehr kannst! … Du aber glaubst, es wäre eine „Ehre" in diesem heimlichen Club der „Freunde" mitmachen zu dürfen! … Denn genau das suggeriert dir dein „liebevoller Partner", (der Narzisst) jeden Tag.

Dass dein Narzisst dich vom ersten Tag an belügt und dir alles nur vorspielt … Dass er von den anderen vielleicht sogar Geld dafür bekommt, wenn sie dich auf seinen „Partys" ficken dürfen… Das merkst du erst dann, wenn es schon zu spät ist. Da ist dein Arsch schon wund und dein Bankkonto schon leer. Da ist dein gesamtes Leben kaputt, weil dein Leben absolut nur noch auf diesen einen Narzissten bzw. Soziopathen ausgerichtet war, der dich jetzt durchgevögelt und weggeworfen hat.

Du warst jahrelang sein „Diener", sein „Leibeigener", sein „Geldgeber", sein Sklave und natürlich auch seine „Hure", an der er sich täglich einen abgevögelt hat! … Und er hat es so eingerichtet, dass du nur noch „ihn" hast! Sonst niemanden mehr! Du hast nur noch „ihn" und seine soziopathisch, pädophilen Freunde! Du bist ihm absolut ausgeliefert, weil er alle „deine" Freunde und Bekannten ausschaltet, und sie langsam und stetig gegen „seine" Freunde ersetzt hat! Und dann? Dann halten alle zusammen und machen mit dir, was sie wollen! Dein Soziopath schwatzt dir das Geld ab und in der Gang Bang ficken sie dich jeden ersten Donnerstag im Monat halb tot! Sie schreien dich an: „Los! Stoß zu! Zeig mir was du kannst!"... und hinterher gehst du arbeiten und dein Soziopath und seine Freunde lachen sich die Bäuche voll über dich! Über den einen, den dein Soziopath „sich da wieder mal eingefangen" hat, um ihn abzuzocken!

Wenn dann alles vorbei ist und dein Narzisst dich abserviert hat, dann bist du ein gebrochener Mensch und so gut wie tot. Du machst Selbstmordversuche und kommst nie wieder zu deinem alten Leben zurück. Du bist nur noch leer und tot und leer und tot und leer und tot und leer und tot und leer und tot und leer und tot und leer und tot ... und vor allem: Du bist finanziell ausgebeutet, bestohlen und ruiniert. Du hast nichts mehr. Keinen Ort, an den du gehen kannst. Keinen Ort, an dem du wohnen kannst. Keine Klamotten (um die lässt er dich auf den Knien betteln), keine Freunde (die belügt er und dreht sie um, so dass die glauben, „du" wärst der Böse) Kein Geld. Keine Kraft. Nichts mehr ... Du fühlst dich nur noch ausgebeutet, benutzt, erniedrigt und vor allem: Vergewaltigt! ...

Manche Opfer merken das nie und lieben „ihren" Narzissten auch noch dann, wenn der sie bereits abserviert hat. Sie lieben ihn auch noch dann, wenn sie seine eiskalte und empathielose Seite gesehen und vor allem ... wenn sie seine Brutalität gespürt haben... Auch wenn der Toxische seine Beziehung zu ihnen innerhalb von Minuten umdreht und sie eiskalt und äußerst brutal abserviert und sie zerstört, können diese Menschen es nicht verstehen, dass der Narzisst so plötzlich „ganz anders" geworden ist ... Für diese Menschen geht dann eine Welt unter. Solche Opfer können nicht aufhören, „ihren" Narzissten zu lieben und wollen sich umbringen. Sie ritzen sich die Haut auf, saufen sich tot, landen in der Psychiatrie oder unter einem Schnellzug oder sonst wie auf dem Friedhof... Was den empathielosen Narzissten natürlich nicht berührt... Ganz im Gegenteil. Er freut sich ja noch darüber ... dass du dich umbringen willst oder dich zu Tode säufst und dann jämmerlich „verreckst". Dann hat er keine Probleme mehr mit dir und kann sein nächstes Opfer anfallen, ausbeuten und tot ficken ... Dein Geld und den Palast, den du für ihn gebaut hast, hat er ja bereits in der Tasche und er braucht dich jetzt nicht mehr ... Der einzige richtige Weg aber, „seinem" Narzissten zu begegnen, wenn er seinen Plan an dir vollendet und durchgeführt hat, ist meiner Meinung nach:

Der Hass!

Ja, der absolute Hass... Du darfst ... nein ... du musst es deinem Peiniger sogar mit seinen eigenen Methoden heimzahlen. Du musst ihn genauso eiskalt behandeln, wie er dich behandelt hat: Hasse ihn! Hasse diese dreckige Sau! Und hasse seine ganze Brut! Und lass dir von keinem anderen Menschen erzählen, dass Hass etwas Schlechtes ist. Diesen Scheißdreck erzählen dir nämlich nur die Narzissten selbst, um sich vor dem Hass der anderen zu schützen...

Hasse ihn!

Hasse ihn mit all deiner Kraft und mit all deinen Taten!

Hasse diese Mörder!

Hasse diese Vergewaltiger, diesen Dieb und Kinderficker!

Hass ist das einzige, was diese Säue verstehen.

WhatsApp an Jesus:

Dies ist eine erfundene Geschichte! Jede Ähnlichkeit mit lebenden oder gekreuzigten Personen ist rein zufällig und ist nicht beabsichtigt.

Lieber Jesus!

Du, sag mal… spinnst du? Warum unterstützt du eigentlich Kriminelle, Mörder und Verbrecher? Warum unterstützt du Diebe, Halsabschneider, Lügner, Pädophile und Vergewaltiger?

Und warum erzählst du uns so einen Scheißdreck, wie: „Wenn dich jemand auf die linke Backe schlägt, dann halte ihm auch noch die rechte hin!"… oder: „Vergib deinen Feinden"?

Sag mal, Alter… Weißt du schon, was du da sagst, oder?

Du sagst damit nichts anderes als: „Wenn jemand dein Kind missbraucht, dann gib ihm auch noch deine anderen Kinder, damit er die auch noch so richtig schön durchficken kann… Genau das sagst du uns mit deiner blöden, „anderen Backe!", die wir hinhalten sollen… oder wie meinst du das?

Schau mal, Kleiner… Ich kenne einen Fall, da hat ein Dieb jemanden bestohlen! Der Dieb hat sein Opfer belogen, es betrogen und ihm alle seine wertvollen Sachen und sein Geld gestohlen! … Heute hat der Typ nichts mehr. Nur noch Schulden… Und der Dieb? Der lebt schön und gut und fett und lässt es sich so richtig gut gehen! … Der fliegt in Urlaub und verschenkt jedes Jahr tausende von Euro an seine Freunde und Familie und verprasst einen Tausender nach dem anderen! … Er sitzt mit seinem fetten Arsch auf den Möbeln, die ihm nicht gehören und frisst gestohlenes Geld aus den Tellern, die er geklaut hat! …. Der Bestohlene hingegen ist verzweifelt. Er war immer nur ein guter Mensch. Einer, der jedem hilft. So, wie du das von uns gewollt hast, Jesus.

Ja… der war einer von uns… Heute ist er nur noch ein Wrack. Er läuft von einem Psychologen zum anderen, und keiner kann ihm mehr helfen! … Der will sich umbringen, weil er nicht mehr weiter weiß! … Und jetzt kommst du und erzählst mir so einen Scheißdreck, wie: Wir sollen dem Dieb „verzeihen"? Und ihm auch noch die andere Backe hinhalten?

Jesus! Dieser Dieb… Das ist eine eiskalte, empathielose Fickmaschine! So sieht das aus! Das ist einer von denen, die schon viele Menschen bestohlen haben … Der macht das professionell! Der geht über Leichen. Das wissen wir! Dafür haben wir mehr als einen Zeugen, die ihn von früher kennen! Und du weißt das auch! … Und „solchen Leuten" sollen wir verzeihen? … Und wie sagst du? „Wir sollen ihm auch noch die andere Backe hinhalten?" Du willst also, dass das Opfer seinem Dieb nochmal hunderttausend Euro gibt, oder wie?

Hä?

Weißt du was, Jesus?

Ich scheiß auf dich! Und zwar einen riesengroßen Haufen!
Du kannst mich mal am Arsch lecken! Und zwar kreuzweise und dreimal hintereinander! Weißt du, wie schwer dieser Typ dieses Geld verdient hat?

Nein?

Du hast in deinem blöden Dattelhain gesessen und ein bisschen an einem Stöckchen herumgeschnitzt, und dein Papa hat dir jeden Tag dein „Manna!" in deinen Hintern hinein geschoben! Aber hier bei uns läuft das ein bisschen anders:

Wir waren im Winter auf dem Platz vor dem Betonwerk und haben zwei Wochen lang bei Minus sechzehn Grad die Förderbandgummi gewechselt. Dreißig Meter lang und zweieinhalb Meter breit… Weißt du was das heißt? Das ist ein Knochenjob … den überlebst du kaum … Und das alles für ein paar Kröten, die wir dafür bekommen haben? Ja? Knochenbrecherarbeit ist das! Sonst nichts!

Wir haben uns geschunden wie die Säue! … Wir haben im sengenden Brand der Sonne hundert Hochkräne aufgestellt und in zweiundzwanzig Meter Höhe diese dreckigen Bolzen reingedroschen…

Ich kenne jemanden, der ist vierzig Jahre lang nachts um drei Uhr aufgestanden und zur Arbeit gefahren, damit er das Geld zusammenbringt, das er für sein Alter braucht… Welches man ihm dann gestohlen hat! Und dann kommst du daher und schwafelst uns etwas von „verzeihen" vor? Weißt du was? Geh doch hin, wo du willst, du Affe! Wenn du so einen Scheißdreck daher redest, dann brauch ich dich nicht. Dann braucht dich niemand! Kein Schwein will das! Dann bist du der Gott der Kriminellen! Dann bist du der, der diese Säue unterstützt! Dann bist du deren Mann! Du unterstützt einfach nur die Kriminellen auf dieser Erde! Nicht mehr und nicht weniger! Du förderst Diebstahl und Kindesmissbrauch und was weiß ich was noch alles, indem du sagst… „Verzeiht ihnen…"

Weißt du was, Jesus? Du wirst es kaum glauben… Aber während du diesen Schweinen verzeihst und sie unterstützt und ihr dreckiges und unmenschliches Verhalten gut heißt, legen die sich auf den Boden und halten sich ihre fette Wampe vor Lachen über dich und über uns… weil sie uns bestehlen und ficken können, wann immer sie wollen, ohne dass wir ihnen etwas tun. Und sie suchen sich den nächsten raus, den sie bestehlen, belügen und durchficken können.... Und du? Du gibst ihnen auch noch den Freibrief dazu!

Mach´s gut, Jesus. Geh hin wo du willst, aber lass mich in Ruhe. Mit so einem wie dir will ich nichts zu tun haben!

LG – Raguel Slejhamer (Name wurde vom Autor verändert)

Es dauerte drei Tage! … Dann kam die Antwort von Jesus:

Hallo? … Hier ist Jesus!

Sag mal, du Arsch, hast du es denn immer noch nicht kapiert? Ich hab niemals etwas von „vergeben" oder von dieser „zweiten Backe" gesagt, die du irgendjemanden hinhalten sollst! Spinnst du?

Hör mal zu, du Arschloch: Das haben dir die Narzissten und Soziopathen gesagt. „DIE" haben das für euch erfunden! „DIE" haben das in eure Bücher geschrieben! Nicht wir!

Die einzigen auf eurem scheiß Planeten, die euch diesen Scheißdreck einreden, sind die, die euch bestehlen, belügen, ermorden, euch ficken, eure Kinder missbrauchen und was weiß ich noch alles mit euch tun! „DIE" lernen euch doch, dass man „IHNEN" verzeihen soll.... damit sie immer so weitermachen können. Kapiert ihr das nicht?

„DIE" erzählen euch doch so einen Scheißdreck! Damit man ihnen nicht den Kopf abschlägt, wenn man sie mal erwischt… „DIE" schützen sich und ihre dreckigen Taten doch hinter

dieser Maske und lernen euch so einen Scheiß wie: „Du musst verzeihen"... oder „Du musst auch noch die andere Backe hinhalten"! ...
Und das schon seit zehntausend Jahren! Und jetzt benutzen sie auch noch meinen Namen dazu!

Ja! Glaub´s nur! Die benutzen meinen Namen und sagen euch, ich hätte das so gewollt! Das ist eine Lüge! Diese Monster haben euch diesen Scheißdreck in euren blöden Kopf hinein geschissen und ihr seid so blöd, und erkennt das nicht! ... Hört endlich damit auf, den Falschen zu glauben und fangt endlich damit an, richtig über alles nachzudenken! Gegen Soziopaten und Narzissten und alle anderen empathielosen Monster muss etwas unternommen werden! Ihr müsst etwas tun! Schießt diese Säue auf den Mond!

Ihr seid so Blöde: Wenn ihr gefickt werdet, dann sperrt ihr euch ein und weint und weint und weint und postet Sprüche ins Handy wie: „Ach Gott! ... Ich bin ja so verletzt... ich kann nicht mehr..." Und ihr zieht euch zurück und spielt den Verletzten... Und der, der euch gefickt hat, der lacht sich krumm und dämlich über euch, weil ihr ihm nichts tut und weil er ungeschoren davonkommt! So eine (dieses Wort wurde vom Autor gelöscht) fliegt dann mit eurem Geld in Urlaub und säuft literweise Sekt, während ihr euch wegen dem umbringen wollt! Seid ihr total verrückt!?

Glaub mir: Das Schwein freut sich unsagbar, dass ihr euch selbst die Haut aufritzt... Ja! Er freut sich... dass ihr so brunz - dumm seid und euch selbst weh tut... und nicht ihm! Frag dich mal, du Depp: Was glaubst du, warum du Gefühle wie Zorn, Hass und Rache in dir hast? Glaubst du wirklich, diese Gefühle wären böse und unnatürlich? Glaubst du wirklich, wir Götter oder die Natur haben sie dir einfach nur so mitgegeben? Aus reinem Spaß, oder wie? Nein! - Haben sie euch das auch erzählt? Die Narzissten? Ja? … Haben sie euch gesagt, dass der Hass etwas Böses ist!? Ja!?

Dann muss ich Lachen! Genau das hätte ich auch getan, wenn ich so viel Dreck am Stecken hätte, wie diese Drecksäue… Nein, mein lieber… denk mal nach! Die Wahrheit ist: Zorn, Hass und Rache reinigen die Welt von allem Übel! Das sind vollkommen natürliche Gefühle! Und wir haben sie euch gegeben, damit ihr sie endlich mal benutzt! Ja! Benutzt sie! Und lasst euch niemals einreden, dass man seinen Peiniger nicht hassen darf! Wenn jeder denjenigen erschlagen dürfte, der ihn gefickt hat, wären so Typen wie Hitler oder Stalin wohl keine zwölf Jahre alt geworden. Dann hättet ihr schon nach zwei Generationen einfach nur das Paradies auf eurem blöden Planeten! Weil einfach nur alle weg wären, die einen anderen ficken oder einem anderen was Böses tun wollen… Darum benutzt endlich Mal das, was wir euch gegeben haben, und schreibt mir keinen solchen Scheißdreck mehr!

Benutze deinen Hass! Dafür ist er da! Nimm Rache! Zeig die Säue an! Behandle sie so, wie sie die Menschen um sich herum behandeln! Eiskalt, bestialisch, brutal und ohne Reue!

Hasst diese Typen, die den anderen immer wieder etwas antun und somit die Menschlichkeit auf eurem Planeten kaputt machen! Von denen geht doch immer alles aus! Von diesen gierigen und empathielosen Drecksäuen! Die machen alles kaputt! Schaut euch doch um! Es ist immer nur eine Person, die alles kaputt macht! Meidet diese Säue! Zeigt sie an! Und hasst sie! Hasst sie richtig! Mit all eurer Kraft! Denn nichts anders haben die verdient! „Auge um Auge! Zahn um Zahn!" ... Und jetzt ... Halt dein Maul! Und wenn du dich ficken oder bestehlen lässt und du diesen Säuen dann auch noch ihre dreckigen und unmenschlichen Taten „verzeihst", dann ist es absolut klar, dass „der" das nochmal macht und nochmal und nochmal und nochmal und nochmal und nochmal und nochmal und nochmal und nochmal und nochmal und nochmal ... und das er es auch seinen Kindern so lernt! Ganz einfach deswegen, weil Säue Säue bleiben und weil er damit durchkommt... Dann werdet ihr bald nur noch eine verdorbene Brut von Ratten, Drecksäuen, Lügnern, Dieben und Halsabschneidern dort unten haben... ihr Dummköpfe!

Viel Spaß... Benutzt endlich dass, was wir euch gegeben haben: Hass! Zorn und Rache! ... Auge um Auge! Und Zahn um Zahn!"... Fang endlich an zu denken! Schickt diese Nachricht um die Welt! Verteil sie! Und sag denen, die es lesen, sie sollen es wieder teilen! Haltet zusammen und haut diesen dreckigen Narzissten und Soziopathen endlich mal eine in ihren stinkenden, dreckigen Sack hinein, bis sie platzen!

LG – Jesus

Diese Nachricht wurde von meinem Android Mobiltelefon mit "Die-Wahrheit@mail.de" gesendet

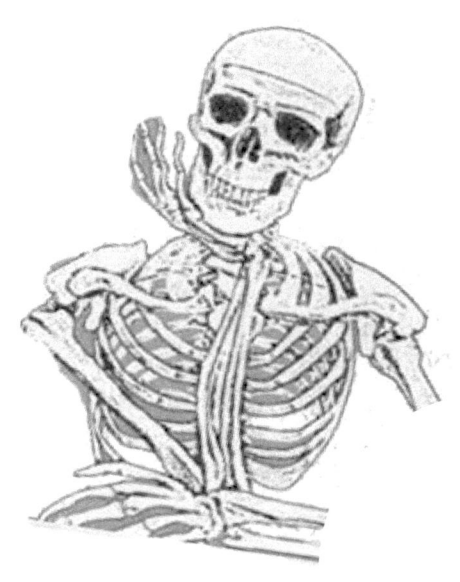

Schweigen hilft nur den Tätern!

Nun … Einige von euch sagen, dass man manche Wörter in diesem Buch auch anders hätte abstimmen können. Sie sagen, dass man die Wörter nicht so grob und so böse und so brutal hätte wählen sollen. Aber ich sage euch: Wenn ihr etwas gegen Narzissten oder Soziopathen tun wollt, dann müsst ihr die Dinge beim Namen nennen! Ihr müsst sie so nennen, wie sie sind! … Damit jeder erkennt, was mit dir geschieht, wenn du in die Fänge von so einer Sau gerätst.

Einige von euch monieren, dass ich Wörter wie „ficken" benutze … Aber ich sage euch: Ein Narzisst vollzieht den Liebesakt mit dir nicht, weil er dich liebt oder weil er dir etwas Gutes tun will. Nein… Er vollzieht den Liebesakt mit dir, weil er sein Ziel erreichen will! Dazu schläft er nicht mit dir … nein… er „fickt" dich. Es ist eine Art „verlogene Vergewaltigung", was diese Monster da mit dir machen. Jedenfalls fühlt es sich hinterher so an, sagen die Opfer. So ein Monster spielt dir seine Liebe vor und es lacht dich beim Geschlechtsakt heimlich aus, weil es genau weiß, dass es sich an deinen Körper kostenlos befriedigen kann und du Dummkopf dabei auch noch an „Liebe" glaubst. Er benutzt dich wie eine vollgewichste Blechbüchse und denkt sich dabei, dass mit dir zu einem kostenlosen Fick kommt, den er bei einer Hure teuer bezahlen müsste.

Ja … So denkt ein Narzisst und ein Soziopath denkt noch schlimmer… Er fickt dich einfach nur deswegen, damit du blöd wirst und seine Lügen glaubst. Damit er dich abzocken oder für seine Zwecke benutzen kann. Damit er dir seine „Liebe" besser vorlügen kann und nebenbei sogar noch einen kostenlosen Orgasmus bekommt … nur deshalb geht er mit dir ins Bett.

Und wenn du es brauchst, um seinen Lügen zu glauben, dann spreizt er seine Beine dreimal am Tag für dich oder besteigt dich mit seinem Schwanz, sooft du es willst. Mit „Liebe" hat das nichts zu tun … auch wenn du es glaubst, weil er es dir jeden Tag vorspielt … Dabei ist er keine Hure, die für jeden sexuellen Akt eine gewisse Summe Geld annimmt … Nein … „Er" setzt Sexualität als Werkzeug ein. Als ein Werkzeug, mit dem er dich manipulieren und führen kann und welches ihm dabei auch noch hilft, sich an dir sexuell zu befriedigen. Er fickt dich. Und anders kann man es nicht sagen. Und ohne dass du es merkst, benutzt der Narzisst nicht nur deine Kraft, dein Geld und deinen Geist. Nein… Er benutzt auch deinen Körper und dein Geschlechtsteil. Er benutzt deinen Körper, um an sein Ziel zu kommen. Eiskalt und gefühllos. Dass er dich einfach nur benutzt und nicht mit dir „aus Liebe" schläft … das zeigt er dir natürlich nie. Nein… „Er" lügt dir sogar beim Sex noch seine „ach, so große Liebe" vor … und „schläft" mit dir in dieser „großen, großen, Liebe" ein … Dabei zeigt er dir nie sein wahres Gesicht. Jedenfalls nicht, solange er dich benutzen will. Und das geht natürlich von Frau zu Mann und auch umgekehrt.

Ein Soziopath spreizt die Beine für jede Person, von der er etwas haben will. Er lässt sich gerne ficken. Für ein bisschen Geld, für die Macht, für seine Vorteile, für einen Körper, den er mal im Bett haben will oder für ein ärztliches Attest, mit dem er seinen Vorteil durchsetzen und viel Geld gewinnen kann. Der Narzisst/Soziopath schläft nicht mit dir, weil er dich liebt! Nein… Er will sich im allerhöchsten Falle noch an dir befriedigen. Mehr bist du ihm nicht wert. Und während du unter

ihm stöhnst und den da oben unsagbar liebst ... überlegt „er"
schon, wie er dein Konto plündern oder dich so manipulieren
kann, dass du alles für ihn tust und ihm auch noch seine
ausgefallensten und perversesten Sex - Gelüste erfüllst, oder ihm
die Möbel in den dritten Stock trägst ... Gründe, warum ein
Narzisst/Soziopath dir seinen Körper oder seine
„Freundschaft/Liebe" schenkt, gibt es für solche Typen
tausende ...

Merke dir: Der Grundsatz lautet: Egal was du bekommst. Sex
oder Liebesschwüre ... es muss immer etwas für „ihn" dabei
herausspringen! Und nicht für dich! Ein Narzisst oder Soziopath
vögelt niemals mit dir, wenn er nicht irgendeinen Vorteil davon
hat! Und: Er benutzt seinen Körper nicht wie ein Verliebter! ...
Nein, für „ihn" ist sein Körper so eine Art „Werkzeug", dass er
benutzt, um dich zu manipulieren. Ja! ... Du darfst seine Muschi
ficken oder seinen Schwanz benutzen, so oft du es willst. Da
gibt es keine Hemmungen und auch keine großen Diskussionen.
Ficken geht immer! ... Hauptsache, du bleibst schön blöd und
tust das, was „er" will!

Du siehst also: ... Das geht von Mann zu Frau und
selbstverständlich auch von Frau zu Mann. Und du siehst auch,
dass sich der alte Spruch immer wieder bewahrheitet: „Liebe
(Sex) macht blind". Und genau das nutzen diese (dieses Wort
wurde vom Autor gelöscht) aus. Sie spielen dir die „Liebe"
vor... Und zwar so echt, dass du es glaubst. Der Narzisst muss
einzig und allein dafür sorgen, dass du ihm vertraust. Das ist
sein Ziel und dazu wird er dich von Anfang an belügen und dir
„Liebe" vorspielen. Immer wieder.

Ein Narzisst weiß, dass Sex dich gefügig macht und deshalb wird er ihn täglich für dich praktizieren. Er schläft mit dir, um dich zu bestehlen. Er schläft mit dir, damit du für ihn arbeitest. Er schläft mit dir, damit du für ihn den Diener machst. Während du glaubst, den wildesten Sex deines Lebens mit dem ehrlichsten Partner deines Lebens zu haben, da lacht er dich innerlich aus und hat den Termin, an dem er dich ausbeuten und wegwerfen wird, schon im Kopf. Wenn es soweit ist, ist es schon zu spät. Dann bist du schon tot. Davon weißt du aber noch nichts! ... Dein dich „ach so liebender Narzisst" hat das Datum deines Sterbens schon für dich festgelegt.

Jemand, der so etwas schon einmal erlebt hat, hat uns erzählt, dass ihm „sein" Narzisst hinterher lachend ins Gesicht gesagt hat: „Dass das „Timing" für ihn „nicht besonders gut gewählt war"! ... Aha! ... Es gab also ein „Timing" für ihn! ... Stell dir das mal vor: An so einer unmenschlichen Aussage kann man die Kälte spüren, die solche Säue haben.

Zuerst versprach er die große Liebe, die Heirat und noch viel mehr! ... Und in Wirklichkeit hatte er schon Monate vorher ein „Timing" für sie ausgearbeitet. Ja, Solche Monster gibt es. Und deswegen: Nennt die Dinge beim Namen. Und redet nicht drum herum: Eine Sau ist eine Sau und wird immer eine Sau bleiben. Einer, der Kinder bösartig belügt und sie bösartig manipuliert, damit er sie ficken (und kaputt machen) kann, ist ein dreckiger Kinderficker. Nicht mehr und nicht weniger! Und ein Narzisst schläft nicht mit dir. Er fickt dich solange, bis er dich nicht mehr brauchen kann und wirft dich dann weg! Er wirft dich weg, wie eine vollgewichste Blechdose und schaut dann mit Genuss zu, wie du verreckst ... denn das gefällt ihm, wenn du vor ihm liegst und vor Schmerz und Qual nur noch schreist...

Und wenn du dann halb tot bist … dann holt er seinen Schwanz heraus und fickt dich nochmal so richtig durch und wichst sich einen runter! …

Und ja! … Es ist wahr! Es ist nicht übertrieben oder gestellt. Und jeder, der schon mal von so einem Vieh angefallen wurde, hat genau das erlebt und kann dir das bestätigen. Deshalb zeigt alle mit dem Finger auf die hin, die euch so etwas angetan haben und erzählt jedem, dass ihr einen Narzissten erkannt habt, bevor er sich sein nächstes Opfer suchen kann. Macht sie bekannt, damit die nächsten Opfer vor ihnen gewarnt werden. Sagt offen, was sie euch angetan haben und geht vor allen Dingen weg von solchen „Personen". Meidet sie! Meidet ihre Nähe. Und meidet es, mit ihnen zu sprechen! Wer jemals mit so einem (dieses Wort wurde vom Autor gelöscht) zu tun hatte, der tut sich unheimlich schwer, so ein (dieses Wort wurde vom Autor gelöscht) auch nur noch einmal „Mensch" zu nennen. Diese (dieses Wort wurde vom Autor gelöscht) gehören eigentlich nicht in unsere menschliche Gesellschaft! Solche (dieses Wort wurde vom Autor gelöscht) gehören für immer eingesperrt!

Das sagen wir:

J. - I. - BGirl91 - Maxi - Jäger - Ham - RenaTee – RiTa - HHB - SB - FX - Jan - Keksi - N - Ü – C.Ster - LauS - Mi - Und noch viele andere mehr…

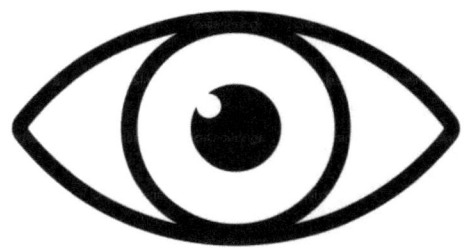

Der Laptop - Trick

Oder: Wie man sein Opfer ruhig stellt

Ein schier unglaublicher Trick eines Soziopathen ist mir in einer psychiatrischen Klinik im Süden von Bayern begegnet. Ein Mann hat mir folgende Zusammenhänge erzählt:

Am Ende eurer Beziehung muss der Soziopath es schaffen, dich zum Schweigen zu bringen! Das ist sehr wichtig für ihn, weil sonst das, was er wirklich mit dir gemacht hat, an die Öffentlichkeit geraten würde! Er muss jeden belügen, der euch beide kennt. Und glaube mir: Das wird er tun! Und zwar eiskalt, roh und grausam... Dazu hat er mehrere Werkzeuge zur Verfügung: Er stellt dich zum Beispiel als absoluten Lügner hin, der seine Geschichte (z.B. - dass er nach der Trennung sein Eigentum haben will) nur erfunden hat, um sich zu rächen. Das nennt man Täter - Opfer - Umkehr! Der Soziopath stellt dich als den „verletzten Liebhaber/Liebhaberin" hin, der du natürlich nicht bist und der du eigentlich nur dein Geld und dein Eigentum von dieser (dieses Wort wurde vom Autor gelöscht) haben willst. Er erzählt überall herum, dass du ihm wehtun oder deine „Rache" an ihm ausüben willst, was natürlich auch nicht stimmt...

Oder, was sehr oft passiert: Er schüchtert dich durch seine Drohungen ein und sagt dir sehr brutal und sehr laut und sehr deutlich, dass „du" schuld bist und dass „du" schuld bist und dass „du" schuld bist und dass „du" schuld bist und dass „du" schuld bist und dass „du" schuld bist und dass „du" schuld bist... und das sagt er dir solange, bis du es selber glaubst und daran zerbrichst und dich zurückziehst. Im selben Augenblick spricht der Soziopath aber dann noch sehr brutal und sehr herrisch viele Drohungen gegen dich aus. Wie zum Beispiel: „Was wird denn wohl dein Sohn/deine Tochter dazu sagen, wenn er/sie erfährt, dass…" Oder: „Glaubst du wirklich, dass dir jemand glaubt? Alle werden m i r glauben! Mir! Verstehst du! Mir! Und nicht dir! Denn niemand war dabei, als du das Geld auf den Tisch gelegt hast und wenn du auch nur ein einziges Wort davon erzählst, dann mache ich dich fertig!" usw. usw. usw. usw. usw. usw. usw. usw. usw …

(Dieses Verhalten der brutalen Drohungen zeigen sehr oft Personen auf, die Kinder missbrauchen. Sie drohen den Kindern massiv und machen ihnen furchtbare Angst. Kein Kind kommt dann aus dieser Falle wieder heraus, weil es sich gegen einen Erwachsenen und seine Brutalität nicht zur Wehr setzten kann! … Ja! … Solche Schweine sind das! Und glaube mir: „Die" machen das auch mit deinen Kindern, wenn sie sie nur zu fassen kriegen! Und auch mit jedem anderen Kind, das ihnen auf den Leim geht! …)

Oder: Der Soziopath holt sich Hilfe! Und ob du es glaubst oder nicht: Er holt sich die Hilfe manchmal sogar bei der Polizei! Denen erzählt er weinend und schluchzend irgendwelche Lügen über dich und schon bekommst du Besuch. Und das, obwohl du eigentlich niemals etwas getan hast! Du kannst zu den Beamten sagen, was du willst, es wird dir nicht mehr helfen. In deiner Akte steht dann einfach nur das, was „dein" bester Freund, oder „dein Geschäftspartner" oder dein „dein Liebhaber" über dich vor ihnen gelogen hat. Ein Mann hat mir erzählt, dass „seine Soziopathin" ihn kurzerhand bei der Polizei angezeigt und behauptet hat, der Mann würde jede Nacht durch die Straßen vor ihrem Haus laufen und unter ihrem Fenster auf sie warten! Und das hat sie natürlich weinend und schluchzend erzählt! Als erste Maßnahme hob der Beamte den Hörer ab und rief den Mann sofort an! Er stellte ihn zur Rede und gab ihm offiziell eine sehr laute Belehrung und sagte ihm, dass der Mann diese nächtlichen Exkursionen lassen soll! Aber der Beamte fiel aber aus allen Wolken, als der Mann ihm sagte, er wäre nachweislich seit Wochen gar nicht mehr im Land! Er wäre zur Zeit etwa zweitausend Kilometer vom Haus seiner „Ex" entfernt ... und vorher war er wochenlang mehrere hundert Kilometer von ihr entfernt. Und zwar nachweislich ... Naja .... Da hat die liebe „Dame" dann wohl doch ein bisschen zu viel geschluchzt und geweint und geschluchzt und geweint und geschluchzt und geweint und ihr Drama vor den Beamten abgezogen... Übrigens hatte die Dame vor diesen Lebenspartner mehrere Freunde, von denen sie zwei genauso angezeigt hat ... Auch die hatten dann Probleme mit der Polizei. Na... Merkst du was?

Denke also gut nach, wem du die Wahrheit über deinen Soziopathen erzählst. Denn wenn er es rausbekommt, wird er es dir sehr übel nehmen... Du siehst ja, welche Register so ein Typ zieht und wie weit er geht, um dich fertig zu machen und zum Schweigen zu bringen. Aber wen wundert's? Er muss dich nämlich irgendwie zum Schweigen bringen! Das ist sein Ziel! Und das versucht er mit allen Mitteln! Du glaubst nicht, dass es sowas gibt? Dann ließ die nächste Geschichte. Und merke dir ganz genau das, was jetzt kommt! Es ist lebenswichtig für dich! Es ist „Über" – lebenswichtig! ... Falls du mal so eine Sau triffst!

Pass auf: In dem Moment, in dem „dein Soziopath" seine Gesinnung, sein Wesen und sein Verhalten von einer Minute zur anderen eiskalt umdreht und seine gespielte Liebe zu dir „ausknipst", als ob es sie nie gegeben hätte ... Ja ... In dem

Moment, in dem er dich mit absoluter Gefühlskälte und roher Gewalt packt, dich rauszerrt und dich auf die Straße wirft … musst du handeln! Denn jetzt ist höchste Vorsicht geboten! Und vor allem: Höchste Eile!

Dein Soziopath wird die Zeit nach deinem Rauswurf, in der du überhaupt noch nicht verstehst, was los ist und in der du noch versuchst, ihn oder deine Freunde zu fragen, was überhaupt passiert ist… dazu nutzen, um gefährliche Dinge zu tun. Sehr gefährliche Dinge! … Die „ihm" sehr viel Nutzen bringen … und „dir" vielleicht den Tod! … Und … ach ja:

Deine Freunde werden dir nicht helfen. Nein, sie werden gar nichts für dich tun. Weil dein Soziopath sie schon vor drei Wochen „abgerichtet" und belogen hat, so dass sie dich nur noch belächeln, wenn du jetzt vor ihnen stehst und um Hilfe bittest. Ja! … Dein Soziopath hat sie alle mit seinen Lügen geimpft und sie denken jetzt alle: Du wärst schuld an der Trennung und du wärst ein brutales Monster, dass sie kreuzigen und ausspotten wollen. Und im Übrigen weißt du in dieser Phase noch gar nicht, was los ist. Du kommst niemals drauf, dass dein „Partner" seit Monaten nur darauf hinarbeitet, dir dein Geld zu stehlen. „Du" glaubst ja immer noch an einen Irrtum und erzählst in dieser Phase niemandem von dem, was du wirklich erlebt hast.

Ja, in dieser Phase bist du noch so dumm, dass du deinen Soziopathen sogar noch vor den anderen schützt und ihnen allen erzählst, dass er ein „lieber Mensch" ist und dass du dich natürlich gut von ihm trennen wirst und ihm vielleicht sogar noch die Möbel schenkst, die er von dir noch in der Wohnung stehen hat. Dass „er" deine sündhaft teuren Möbel schon als

„sein Eigentum" eingestuft hat, noch bevor er dir half, sie überhaupt auszusuchen … dass er dich damals dazu gebracht hat, genau die Möbel zu kaufen, die du dir kaum leisten kannst, weil sie „ihm" so gut gefielen … und dass er dir gesagt hat, dass du dafür sogar einen Kredit aufnehmen sollst, weil er dir sagte, dass „ihr zwei" nur dann für immer glücklich sein werdet, wenn „ihr zwei" euer „Nest fürs Alter" nur mit den wundervollsten (und teuersten) Dingen ausstattet! … Dass, mein Lieber, kapierst du in dieser Phase überhaupt noch nicht. Diese Augen gehen dir erst auf, kurz bevor du den Schlaftabletten Cocktail trinkst!

Diese Phase des „er ist doch ein lieber Mensch und wir werden uns bestimmt gut trennen" dauert dann so lange, bis dein Soziopath dich nicht mehr an euer gemeinsames Schließfach / Geldkassette / Schreibtisch lässt, in denen du dein Geld gebunkert hast! Oder dir den Zugang zum eurem gemeinsamen Konto sperrt … Weil „er" der Hauptinhaber ist!

Erst dann, wenn ein Rechtsanwalt und viel später dann ein Psychologe dir alles erklärt, weißt du, was wirklich passiert ist und verstehst, wie brutal und kalt Soziopathen arbeiten! Erst dann erkennst du, dass so ein kleiner Spruch wie: „Ach kauf mir doch bitte, bitte, eine Jack Wolfskin Jacke! Ach bitte, bitte … diese da. Diese braune da … Ach, biiittteeeee … biitttteee… kauf sie mir doch …" nur der Anfang eines geplanten Diebstahls war, in dem du die Hauptrolle gespielt hast und am Ende pleite sein wirst! … Dein Soziopath, (der im Gegensatz zu dir ja ganz genau weiß, was in den Tagen vor und nach der Trennung passieren wird)… bleibt natürlich jetzt erst Mal ganz cool. Er weiß ja ganz genau: Du kannst ihm in dieser Phase nicht gefährlich werden und er kann in dieser Phase mit dir machen, was er will. Eure Bekannten sind ja alle geimpft und „du", das Opfer, bist jetzt erst Mal absolut geschockt und absolut blind! Er weiß: Du warst monatelang oder vielleicht sogar jahrelang mit ihm zusammen und in dieser Zeit hast du eine große Liebe und ein bedingungsloses Vertrauensverhältnis zu ihm aufgebaut. Ihr hattet ein gemeinsames Konto, ein gemeinsames Auto, eine gemeinsame Firma! Gemeinsame Immobilien. Ein gemeinsames Bett, ein paar gemeinsame Sexspielzeuge, ein gemeinsames Geldfach im Schreibtisch, eine gemeinsame Urlaubskasse und… natürlich habt ihr auch euren Laptop oder euer Tablet gemeinsam genutzt … stimmt's? Genauso war´s doch, oder? Ja, ja … Dafür hat dein Soziopath mit Sicherheit gesorgt! Und weil alles so „easy" war und du dich bei deinem Soziopathen so absolut sicher gefühlt hast, hast du natürlich auch deine E-Mail Zugänge und deine Konten und dein Online Banking oder deine Bausparverträge und Versicherungen auf diesen gemeinsamen Tablet oder Laptop abgespeichert … oder? Stimmt's? Na? … Dämmert dir was?

Ja, ja … „Du" rennst jetzt herum und weinst und weinst und trauerst um deine große Liebe, die du verloren hast … Du bist durch diesen absoluten Vertrauensbruch, denn „er" gerade sehr brutal und absolut skrupellos (und geplant) an dir vollzogen hat, nicht einmal fähig, klar zu denken! … Und versuchst, zu verstehen, was jetzt passiert ist! … Kannst nicht fassen, dass dein Liebster oder dein Geschäftspartner so ganz plötzlich so ganz anders geworden ist! … Fragst und fragst und versuchst, ein Gespräch zu bekommen … Verzweifelst immer mehr, weil du überhaupt nicht verstehen kannst, dass dein dich so sehr „liebender Partner", mit dem du nächtelang reden konntest und für den du so viel getan hast, nun plötzlich kein einziges Wort mehr mit dir spricht, obwohl ihr euch immer gut verstanden habt ... Du versuchst zu verstehen, was du falsch gemacht hast und warum dich genau der, der dich so sehr liebt, dich so plötzlich und so brutal abserviert hat... Und findest und findest und findest nichts und wieder nichts, was du getan hast, damit er dich so brutal behandelt ... (Was ja alles von deinem „(diese Worte wurden vom Autor gelöscht)" so geplant und durchgeführt wurde, eben   d a m i t   du in so eine Phase kommst, in der du große Fehler machst, wie z.B. nicht auf dein Geld zu achten, oder nicht zur Polizei zu gehen, um dein Eigentum mit der Polizei aus der Wohnung zu holen, usw. usw, usw... (Ein Tipp: Wenn dir sowas passiert, ruf sofort die Polizei an und hole deine persönlichen Gegenstände und dein Geld aus der Wohnung!)

Ja ... genau das hat dein Soziopath mit dir geplant: Er will, dass du in dieser Phase in einen Schock verfällst und nicht mehr denken kannst. Jedenfalls nicht an das, was ihm jetzt gefährlich werden könnte.

Ja ... Du verzweifelst immer mehr, weil du überhaupt nicht verstehst, was da gerade mit dir passiert, und weinst und jammerst herum, anstatt dich um das zu kümmern, was jetzt viel wichtiger wäre, nämlich: Um dein Geld!! Du weinst und weinst und weinst und passt überhaupt nicht auf, was dieses (dieses Wort wurde vom Autor gelöscht) jetzt mit dir und deinem Geld macht... und „er"?

Naja ... ganz einfach ... „Er" holt sich jetzt noch alles aus dir raus, was es noch zu holen gibt! Und: Er arbeitet jetzt mit Vordruck daran, dich zum Schweigen zu bringen! ... „Du" rennst rum wie ein Idiot und weinst und weißt nicht, was los ist.

„Er" checkt derweil in aller Ruhe und eiskalt deine ganzen persönlichen Sachen, deine Konten und deine Accounts und schaut, wo er dich noch abzocken und bestehlen kann! … Aber er schaut auch, dass er etwas über dich findet, mit dem er später dein Schweigen erpressen und dir drohen kann! Denn eines weiß er ganz genau: Dass du nach deiner ersten Schockwelle natürlich versuchen wirst, dein Geld oder deine Werte von ihm zurück zu holen! … Und genau das muss er jetzt verhindern.

Dazu sammelt er jetzt alles zusammen, was er über dich finden kann. Ja … Am liebsten wäre ihm jetzt natürlich irgendein Beweis, dass du ihn mit einem anderen Partner betrogen hast… Aber den wird er nicht finden. Weil du die komplette Zeit, in der du mit ihm zusammen warst, absolut loyal, absolut treu und ein absolut ehrlicher Freund zu ihm warst … Aber keine Angst… Er wird andere Dinge finden, die er dann aufbauschen wird, um sie den anderen unter die Nase zu reiben und ihnen zu erklären, dass du ein Lügner und ein Monster bist. Und weißt du was? So ganz nebenbei holt er sich in dieser Phase auch noch das letzte Geld, das du noch hast … Dass er ein Lügner ist und ein Auto, ein Zweirad oder eine ganze Wohnung von dir abgezockt hat, dass er deine Firma finanziell ruiniert oder sich das Haus in Norwegen oder dein Grundstücke von dir geschnappt hat… dass erzählt diese bestialische (diese Worte wurden vom Autor gelöscht) natürlich niemandem…

Ja … „Du" liegst auf der Straße vor „deiner" Firma/Wohnung usw. und denkst an die große (und wie gesagt: Bei deinem Soziopathen nie vorhandene) Liebe/Partnerschaft und weinst und weinst und weinst… Dabei wäre es so wichtig, dass du jetzt ganz schnell folgendes machst:

- Sperre sofort! alle deine Kreditkarten, deine Geldkarten, deinen Zugang zum Bankautomaten, deine Zugänge zum Online Banking oder zu deinen Geld-Fonds, deinen Lebensversicherungen und, und, und ... einfach alles, was du hast! Sperr alles, was dir einfällt, denn dein Soziopath wird überall versuchen, rein zu kommen!

- Rufe sofort! bei der Bank an und erzähle ihnen, was passiert ist und dass sie niemanden mehr an das gemeinsame Schließfach lassen sollen! Sage ihnen, du wirst einen richterlichen Beschluss erwirken, bei dem ein Beamter mit dabei ist, wenn das Schließfach das nächste Mal geöffnet wird! Mache das! Sofort! Du darfst keine Minute verlieren! Hörst du!

Auch wenn dein „Partner" wirklich Monate – oder sogar jahrelang der beste, ehrlichste und korrekteste Mensch war, den du kennst und du absolut überzeugt davon bist, dass diese Person nieeee so etwas machen würde! ... Sperr bitte alle deine Karten! Alle deine Bankzugänge! Und zwar sofort! ...

Du kannst es nämlich später nicht beweisen, dass du das Geld n i c h t auf das Konto deines Peinigers überwiesen hast, wenn „er" deinen Banking-Zugang jetzt noch einmal dazu benutzt, um sich D E I N Geld selbst auf S E I N Konto zu überweisen! ... Es sieht dann einfach nur so aus, als ob „DU" ihm das Geld überwiesen hast! Kein Richter wird ihm das Geld wieder abnehmen können, wenn Aussage gegen Aussage steht. Denn „er" wird sagen: „Er hat mir das Geld doch geschenkt! Ganz zum Schluss hat er nochmal was überwiesen!" ... Ja! ... Wie gesagt: Du kannst es nicht beweisen, dass „er" sich dein Geld selbst überwiesen hat ...

In einem konkreten Fall wurden noch am Tag der Trennung über die Kreditkarte des Opfers Waren im Internet für mehrere tausend Euro eingekauft … Das Opfer selbst hat die Waren nie gesehen und auch nie erfahren, was das war. Denn in seinem Amazon Account hat kurz nach dem Einkauf irgendjemand das Passwort geändert, so dass das Opfer keinen Zugriff mehr auf die Bestellungen hatte, die anscheinend ein anderer ausgelöst und mit seiner Kreditkarte bezahlt hat! Dem Opfer fiel das Ganze erst nach Wochen auf, als ihm tausende von Euro wegen der Amazon Einkäufe abgezogen wurden! … Diesen Accuont zu löschen, ist dann fast unmöglich! Du hast ja kein Passwort mehr! Darum musst du erkennen, wenn ein Soziopath dich abschießt und du musst dementsprechend handeln!

Du musst s o f o r t (Du glaubst es nicht, aber es ist wirklich so: Der kriminelle Soziopath fängt noch zehn Minuten nach deinem „Abservieren" damit an, dir dein letztes Geld zu stehlen, indem er deine Accounts benutzt! Wenn er es dir nicht schon am Tag vorher oder noch früher gestohlen hat! Pass auf: Während du noch nach eurer großen Liebe weinst, sitzt er schon im fahlen Licht des Laptops da und forscht deine Bausparverträge und deine Geldfonds durch!) … Du musst also s o f o r t handeln und deine Passwörter ändern oder deine Accuonts sperren! Sonst bist du fertig! … Woran viele nicht denken:

- Melde dich sofort bei deinen Vereinen, Institutionen, deinem Arbeitgeber und erzähle, was dir passiert ist und dass du vermutest, dass dein „EX" dich bei ihnen anschwärzen oder in irgendeiner Weise Geld holen wird! (So wurden zum Beispiel einem Mann sämtliche Zugänge zu seinen Wandervereinen gesperrt, denn seine „Ex" rief alle an und erzählte die Lüge, dass ihr „Mann" sie verlassen hätte und unbekannt verzogen wäre. (Obwohl sie seine Adresse natürlich sehr genau kannte!)

Und: Woran viele auch nicht denken! … Und das kann dir, wenn du es nicht sofort erledigst, das Genick brechen:

- Sperre sofort alle Zugänge zu deinen E-Mail Accounts, deinem Facebook und deinem Instagram usw, usw.! Gib ein neues Passwort ein oder lösche sie oder mach sonst was!

- Verfahre genauso mit deinem Online Banking, mit den Zugängen zu Amazon, eBay, Versicherungen, usw. usw. usw. usw. usw! … Du musst alles absichern! Verliere keine Zeit!

Bedenke:

Auf deinem Laptop oder Tablet sind immer noch alle Zugänge zu deinen E-Mail Accounts und auch die Zugänge zu deinem Online Banking und zu allem, was du hast, abgespeichert! Sie liegen öffentlich da und jeder, der deinen Laptop aufklappt, kann sie benutzen! … Wahrscheinlich hat dein „Ex" sogar alles mitbenutzt und weiß genau, wie er vorgehen muss, um in deine Accounts zu kommen, oder? Denn wie jeder andere auch, hast du natürlich alles so eingestellt, dass deine Accuonts sich automatisch anmelden, wenn du nur zweimal drauf klickst! Stimmt's? … Und du hast es deinem „Ex" natürlich auch noch gezeigt, wie „er" das machen muss? Oder? Ihr wart ja „die" Freunde für´s Leben! Oder? Jedenfalls hat „er" dir das jeden Tag gesagt! Und dir den Schwanz gelutscht! Oder deine Muschi! Und zwar so lange, bis du ihm aufgeschrieben hast, wie er in dein Online Banking kommt, damit er da drin „Sachen für die

Steuer" erledigen oder „dein Geld anlegen" kann, was er ja ohne Zweifel gut beherrscht!

Nur … Du kommst jetzt nicht mehr an deinen Laptop ran! Weil „er", dein Soziopath deinen Laptop hinter einer geschlossenen Tür verbrecherisch und kriminell und ohne dein Wissen benutzt und ihn dir unterschlagen hat! Es genügen also zwei Klicks! … Und jeder, der jetzt vor diesem Laptop sitzt, kann in deinen intimsten und wichtigsten Lebenseinrichtungen tun und lassen, was er will! Und zwar ohne, dass „du" davon weißt oder auch nur das Geringste dagegen machen kannst! … Ja!… Dein „jetzt" größter Feind (Oh… das weißt du ja zu diesem Zeitpunkt noch gar nicht, dass dein „Freund fürs Leben" ab jetzt, oder eigentlich immer schon, dein tödlichster Feind ist, der schon seit Monaten darauf hin arbeitet, dass du irgendwann Selbstmord machst!) … Also der, der dich zum Schweigen bringen will, der dich ausbeuten, bestehlen und dich ich fertig machen will! … Genau „der", der dir nur das Schlimmste wünscht, kann jetzt deine E-Mails lesen, er kann sie verwenden, er kann sie löschen, sie „so" löschen, dass „du" sie niemals lesen kannst oder … und das ist sehr gefährlich: Er kann auf deinem E-Mail Account E-Mails schreiben, die sind so echt und so real sind … dass du niemals beweisen kannst, dass „du" sie nicht geschrieben hast!

Glaube mir: Wenn du auch nur ein einziges wahres Wort über das, was er mit dir gemacht hat, erzählst, wird dein Soziopath diese Möglichkeit benutzen und wird Rache an dir üben! … Er wird sich hinsetzten und eine E-Mail schreiben! Auf deinem Laptop und unter deinem Namen! An deinen Sohn, an eines deiner Familienmitglieder, an den Präsidenten deines Lieblings - Vereines oder … und das ist brandgefährlich: Vielleicht sogar an sich selbst!

Und in diesen E-Mails wird genau das stehen, was „er" braucht, um dich vor der ganzen Welt schlecht zu machen, oder dich sogar anzeigen zu können! ... Ja! ... Alles ist möglich! Er kann eine originale E-Mail an deine Kinder schreiben! An deine Vereine. Er kann deine Freunde, Bekannten oder jeden anderen Menschen in deinem Namen beschimpfen oder beleidigen! Er kann Bestellungen für dich aufgeben oder stornieren. Er kann wichtige Institutionen kündigen oder Informationen über deine Bausparverträge anfordern! ... Ja! ... All das kann er! Weil „dein ehemaliger und bester Freund, dem du grenzenlos vertraut hast" nun deinen Laptop hat! ...

Wie gesagt: Ein Soziopath macht die Trennung bewusst so, dass das Opfer keinerlei Chance hat, auch nur das Geringste mitzunehmen oder noch in Ordnung zu bringen! Die „Trennung" findet innerhalb von Minuten statt! Du hast keine Chance! ... Er hat schon lange alles geplant! Es wird niemals jemand beweisen können, dass „er" diese E-Mails geschrieben hat! Die angeblich von dir kamen! Denn auch, wenn du n i c h t dabei warst: Sie ist auf „deinem" Laptop oder auf „deinem" Tablet geschrieben worden, trägt „deinen" Namen und wurde von „deinem", absolut originalem, durch dein Passwort geschützten E-Mail-Account abgeschickt! ... Du hast keine Chance! ...

Die Frau, die mir „ihre" Geschichte erzählt hat, sagte, sie wäre aus allen Wolken gefallen, als plötzlich die ganze Welt über eine E-Mail sprach, in der „sie" angeblich die schlimmsten Dinge gegen ihren „Ex" geschrieben hatte! Und alle sagten zu ihr: „Warum hast du das getan?! Du bist eine Drecksau!" Alle hassten sie ab jetzt und alle halfen ab jetzt ... nur noch dem Täter, der diese Mail an sich selbst geschrieben hatte!

Sie bestritt zwar, die E-Mail jemals geschrieben zu haben, aber niemand glaubte ihr! Der Ausdruck war halt nun mal echt! Da stand ihr Name drauf, ihre Mail-Adresse, die Mail wurde ganz original von ihrem Laptop aus weg geschickt! … Alles war absolut echt! Aber: … Welche Finger diese Mail dann wirklich getippt haben, das kann natürlich niemand mehr beweisen. Sie sagte mir, dass sie die E-Mail erst Wochen später zu lesen bekam. Sie war absolut die Letzte, die diese (angeblich ihre eigene) E-Mail lesen durfte. Ihr „Ex" drohte ihr ständig damit, sie wegen der Beleidigungen anzuzeigen, wenn sie auch nur ein Wort über ihn erzählen würde! … Und sie? Nun! … Sie machte natürlich den Fehler ihres Lebens und war still. Darum sei wachsam! Denn genau darum wird dich dein Soziopath auch so schnell und so abrupt aus deiner Umgebung „entfernen"! … Er will nämlich nicht, dass du irgendetwas mitnehmen kannst oder noch Zeit dazu hast, irgendwelche Dinge zu verschlüsseln oder zu löschen! Nein … „Er" hat deinen Rauswurf schon vor Wochen geplant. Eiskalt und perfekt! Hat am diesen Tag alles so hingerichtet, dass du nichts mehr greifen kannst! Und nach diesem Plan geht „er" jetzt ganz genau vor, um dich heute, hier und jetzt: Zu killen!

Und jetzt, da er dich aus deiner Wohnung (Haus/Firma) geworfen hat, hat er freie Bahn und die Zeit, dass zu tun, was für ihn ein großer Spaß werden, und für dich wahrscheinlich der erste Schritt in den Selbstmord werden wird …

Nochmal: Wenn ein Wesen, dass immer absolut loyal zu dir gestanden hat, dass dich wirklich und wahrhaftig und absolut und ehrlich und aufrichtig geliebt hat, dass angeblich alles für dich getan hat, das jeden Tag gesagt hat, es würde dich so sehr lieben und es würde dich gleich morgen heiraten wollen, dass nie „nein" gesagt hast, wenn du Ficken wolltest und dich ständig zum Ficken animiert hat... Wenn so ein Wesen plötzlich von einer Minute zur anderen komplett umschaltet und komplett anders wird und dich innerhalb von ein paar Minuten in einen sehr dramatischen und sehr lauten Streit verwickelt, dich dann sehr schnell abserviert und dich auf die Straße wirft... Anschließend die Tür hinter dir zuknallt und dreimal absperrt, so dass du Tage oder Wochen nicht mehr an deine persönlichsten Sachen kommst ... Dann solltest du in dem Moment, in dem du nach dem Rauswurf auf der Straße aufschlägst, schon dein Handy in der Hand haben und alles sperren, was zu sperren ist... vor allen Dingen: Dein Geld ... denn sonst ist das, was du jetzt noch hast, auch noch weg ...

Ein anderer Mann hat mir erzählt, dass man ihm ein Jahr nach der Trennung gesagt hat, dass seine „Ex" schon Wochen vor der Trennung alle ihre gemeinsamen Freunde angerufen und ihnen erzählt hätte, er würde sie immer nur schlagen, sie im Keller einsperren und sie vergewaltigen ... Was natürlich alles nicht stimmte und eine absolute und dreckige Lüge war. Im Gegenteil! Der Mann war eine Seele von Mensch und hätte niemals jemanden etwas zuleide getan. Das wissen wir alle! Da siehst du also, wie diese (diese wirklich interessanten Worte wurden vom Autor gelöscht) es schon Wochen vorher geplant und vorsätzlich mit Lügen durchgeführt hat, ihren „Geldgeber" abzuservieren! Der Mann blieb mit etwa 50 000 Euro bei dieser (dieses Wort wurden vom Autor gelöscht) hängen.

Er erzählte auch, dass er zwei Monate nach der Trennung seinen Bankfachmann besucht hätte, um seinen Geld-Fonds aufzulösen. Der Bank - Mann hat ihm aber gesagt, dass seine „Ex" schon vor Monaten da war und den Fonds zu ihren

Gunsten aufgelöst hätte und er zeigte ihm auch das Dokument mit seiner Unterschrift … Das Geld wäre weg und es wäre jetzt auf dem Konto seiner Lebensgefährtin … Das Datum auf dem Dokument sagte, dass das etwa zwei Wochen vorher war, bevor sie ihn abserviert hatte …

Der Mann sagte, er hat damals im Vertrauen ein paar Dinge wegen der Lohnsteuer unterzeichnet, die „sie" für ihn gemacht hat. Und vielleicht wäre dieses Dokument ja dabei gewesen, das man braucht, um „seinen" Fonds aufzulösen und sein Geld zu stehlen!

Du siehst also … Wenn Soziopathen einen Plan haben, dann hast du keine Chance mehr. Soziopathen sind einfach nur kaltblütige Kriminelle, die ihre Intrigen und ihren Diebstahl als ein „Spiel" ansehen. Dass ihre „Spielchen" Menschen töten oder sie zumindest in den Ruin treiben… das ist diesen gefühlskalten Wesen absolut egal. Und du? Du kannst, wenn du an so ein Wesen geraten bist, als Mensch nichts dagegen tun. Dazu fehllen dir die Kälte und die Empathielosigkeit deines „Gegners". „Er" (dein Soziopath) hingegen, kann und wird dich vernichten, weil „er" skrupellos, aalglatt, eiskalt und gierig ist.

Du als „Mensch" hast keine Chance gegen so ein Vieh… Außer, du hackst diesem Dieb den Kopf ab, oder du befolgst das, was im nächsten Kapitel beschrieben wird… nämlich:

Nie mehr lieben!
Nie mehr vertrauen!
Und nie mehr glauben!

Nun... das war's

Das war ein Buch über Soziopathen, Narzissten, Psychos und empathielose (dieses Wort wurde vom Autor gelöscht)... Und ganz zum Schluss und exklusiv für euch, schreibe ich euch auf, was ich sehr enttäuschend aus den Gesprächen mit den Opfern und aus den Gesprächen mit einer eiskalten, asozialen und soziopathischen Narzisstin gelernt habe.

Nämlich:

FÜR DIE SEELE GIBT ES KEINE HEILUNG

Ja ... Für die Seele gibt es keine Heilung. Einmal kaputt gemacht, bleibt die Seele für immer kaputt. Man kann sie nicht heilen. Man kann dir nur zeigen, wie du mit diesen Schmerzen umgehen kannst. Das ist alles. Mehr ist nicht möglich. Die Schmerzen bleiben. Ein ganzes Leben lang! Sowie der blanke Hass. Und ja ... Diese Säue haben das mit dir gemacht. Eiskalt und bestialisch! Sie sind die, die Seelen kaputt machen! Sie sind die, die Menschen zerstören und sie sind die, die alles zerstören!

Darum:

Vertraue niemals.

Sag niemals offen, was du denkst.

Sprich mit keinem.

Wenn dich jemand anspricht, dann schweige und geh weg.

Lass nie jemanden wissen, was du tust.

Erzähle nie jemanden, was du denkst oder fühlst.

Gib nie jemand die Hand und baue niemals wieder eine Freundschaft oder eine Beziehung auf.

Wenn dich Menschen ansprechen, die sich als „deine Familie" ausgeben und dich gleichzeitig fragen, ob du etwas für sie bezahlen oder arbeiten kannst, dann dreh dich um und geh weg.

Rede nicht mit ihnen!

Und …

Vermeide es, sie zu lieben.

Liebe niemals! Glaube niemals an ein Versprechen oder glaube niemals jemanden, der dir etwas verspricht! Nicht einmal deinem Vater oder deiner Mutter! Geschweige denn einem Menschen, den du nicht länger als zehn Jahre kennst!

Tu nie etwas für einen anderen selbstlos und wahrhaftig, nur weil er dir verspricht, dass du ihm vertrauen kannst und dass er dein „Freund" ist und dass er immer zu dir stehen wird.

Prüfe jeden, der dir sagt, er wäre dein Freund und der dich im gleichen Atemzug fragt, ob du Geld für ihn hast oder ob du etwas für ihn arbeiten kannst.

Wenn dir jemand dreimal sagt „Ich liebe dich"… Dann drehe dich um und geh.

Wenn du jemanden sagen willst, dass du ihn liebst, dann sage es nicht. Sage diese drei Worte niemals in deinem Leben.

Liebe niemals!
Liebe niemals!
Liebe niemals!

Vertraue niemals!
Vertraue niemals!
Vertraue niemals!

Und glaube niemals einem anderen!

Befolge diese Regeln, solange es da draußen solche Monster und Schweine gibt:

Liebe niemals!
Vertraue niemals!
Und glaube niemals einem anderen!

Du wirst vielleicht ein Leben lang einsam sein... Aber du wirst auch niemals das Opfer deiner Ehrlichkeit und deiner Liebe werden!

Und du? Ja! ... Ließ es nur, du dreckiger Soziopath! Du dreckiges, schmieriges, verlogenes Monster! ... Das ist das, was du und deine teuflische Brut uns angetan haben! ... DU! hast uns Menschen zerstört! DU! hast sie ermordet! DU! hast sie auf dem Gewissen oder ihre Seelen für immer ruiniert! DU! hast sie bestohlen, belogen, betrogen, teuflische Intrigen und Lügen erfunden und gegen sie ausgeübt, Kriege ausgelöst, ganze Völker vernichtet oder eingesperrt, Menschen tot gefickt, Kinder tot ficken lassen und dabei auch noch zugesehen! Wegen deiner unermesslichen Gier hast du sogar deine eigenen Kinder geschächtet, gefickt, belogen und betrogen! Ja, lies es nur! DU! Wir meinen dich! Du Narzisst und Soziopath! Krieche zurück in das dreckige Loch, aus dem du gekommen bist! Und lass uns Menschen endlich in Ruhe!

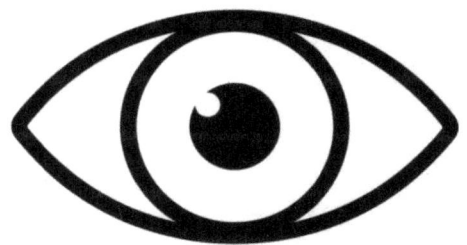

Wer nicht mehr weiter kann, der findet unter der Telefonnummer

0800 111 0 111 (Deutschland)
oder
0800 655 3000 (Bayern)

immer Hilfe!

Ruf an! - Es wäre schade um dich! Bedenke: Mit dir würde ein M e n s c h sterben! Denn das bist du! … Ein Mensch!

Ich weiß … Alles ist hin und alles ist aus! Sie haben dir alles genommen! Du hast nichts mehr! Dazu kommt, dass dir kein Schwein glaubt, wie es wirklich war! Alle sagen, „du" wärst es gewesen! Aber es stimmt nicht! Nein! Es stimmt nicht!

Hör zu: Wenn ich dir sage, dass es „sein" Spiel ist? Das „er" dieses Spiel von Anfang an mit dir geplant hat?! Verstehst du? Er wartet doch nur darauf, dass du jetzt Schluss machst!

Tu es nicht! Spiel sein Spiel nicht mit! Denn dann ist niemand mehr da, der uns die Wahrheit sagen kann! Dann hätte er gewonnen! … Du wärst schön blöd, wenn du ihm diesen Gefallen tun würdest! Hör mir zu: Wir haben es auch geschafft! - In einem Jahr sieht alles anders aus! Glaube mir: Die Zeit wird alles heilen! Auch dich! Darum: Ruf an und lass dir helfen! Hinter diesen Telefonnummern verbergen sich wahre Menschen! Niemand wird dich etwas fragen oder irgendwas Schlimmes von dir wissen wollen! Aber sie können dir erklären, was mit dir passiert ist! Sie werden dich einfach nur auffangen und dir helfen! Ruf an! Bitte! …

Lass ihn nicht gewinnen! … Hörst du? Lass diese Drecksau nicht gewinnen!

Wer mehr hören oder lesen möchte, findet im Web alles, was er braucht und weitere Informationen, z.B. hier:

https://www.schwarzeakte.de/

https://podcasts.apple.com/de/podcast/aktenzeichen-xy-unvergessene-verbrechen/id1644661277

https://beauftragte-missbrauch.de/

https://de.wikipedia.org/wiki/Soziopathie

https://de.wikipedia.org/wiki/Narzissmus

https://karrierebibel.de/toxische-menschen/

https://www.deutsche-depressionshilfe.de

https://klinikradar.de

Anmerkung:

Die Geschichten und Erzählungen, die Sie hier gelesen haben, sind frei erfunden. Sie sind animiert von Berichten, welche Opfer von Narzissten und Soziopathen mir persönlich erzählt haben, oder wie ich sie im Internet oder in der Zeitung gesehen, gehört und gelesen habe. Von diesen Berichten wurden Teile genommen, um Geschichten zu erzählen, wie sie täglich passieren und wie sie täglich in der Zeitung stehen. Alle Ähnlichkeiten mit lebenden Personen sind rein zufällig. Die Geschichten und Erzählungen sollen aufklären und ein mögliches Opfer vor den Angriffen eines Narzissten oder Soziopathen schützen. Das ist das Ziel dieses Buches. Es will aufklären und helfen. Sonst nichts.

Ende

DIE LIEBE IST EIN GELBER PFEIL DER NACH WESTEN ZEIGT
Das Buch über den Jakobsweg

Franz Hirmer
388 Seiten
ISBN-13: 9783754349922
Verlag: Books on Demand
Sprache: Deutsch / Mit vielen farbigen Bildern

Aus einer Kundenrezession:

Dieses Buch vom Camino in Spanien hat mich so oft berührt, manchmal durfte ich sogar weinen. Habe mitgefühlt, mitgezittert, mitgelitten, gestaunt, die Natur vor mir gesehen, mich mit Xisco gefreut wie ein Kind und war mit jedem einzelnen Wort ganz nah DABEI, auf diesem Jakobs-Lebens-Weg. Ich ziehe meinen Hut vor dem Autor! Danke! Eine Leserin aus Österreich

GEDICHTE, DIE EIN ESEL SCHRIEB

oder

The Glory Days of Larkfield

Franz Hirmer

118 Seiten

ISBN-13: 978 - 3756224692

Verlag: Books on Demand

Sprache: Deutsch / Mit vielen farbigen Bildern

Aus einer Kundenrezension:

Supersüßes Cover. Lustig. Eindringlich. Lesenswert.
Das ideale Geschenk! Der Hingucker im Zugabteil oder auf dem
Wohnzimmertisch. Super süß gestaltet. Lesenswerte Gedichte. Die
letzten sind schwarz bis dunkelgrau. Ich würde es jederzeit wieder
kaufen…

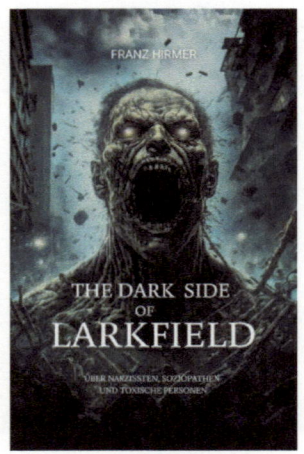

JETZT NEU!

DAS KLEINE BUCH DER GROSSEN FOLTER

oder

EIN SCHAUDERHAFTES BUCH ÜBER SCHAUDERHAFTE MENSCHEN

Franz Hirmer

214 Seiten

ISBN- 9783758339967

Verlag: Books on Demand

Sprache: Deutsch

Ab sofort im Buchhandel